U0644848

星云法语 08

生活·读书·新知 三联书店

成功的条件

禅心

星云大师 著

图书在版编目(CIP)数据

成功的条件:禅心/星云大师著. —北京:生活·读书·新知三联书店,
2015.5
(星云法语)
ISBN 978 - 7 - 108 - 05239 - 1

Ⅰ.①成…　Ⅱ.①星…　Ⅲ.①佛教－人生哲学－通俗读物
Ⅳ.①B948－49

中国版本图书馆 CIP 数据核字(2015)第 022298 号

责任编辑　罗　康
封面设计　储　平
责任印制　卢　岳　张雅丽
出版发行　生活·讀書·新知 三联书店
　　　　　(北京市东城区美术馆东街 22 号)
邮　　编　100010
印　　刷　三河市嘉科万达彩色印刷有限公司
版　　次　2015 年 5 月北京第 1 版
　　　　　2015 年 5 月北京第 1 次印刷
开　　本　880 毫米×1230 毫米　1/32　印张　7.75
字　　数　166 千字
印　　数　00,001—12,000 册
定　　价　28.00 元

总序　十把钥匙

星云大师

　　《星云法语》是我在台湾电视公司、"中国电视公司"、"中华电视公司"三十年前的"三台时代"，为这三家电视台所录像的节目。后来在《人间福报》我继《迷悟之间》专栏之后，把当初在三家讲述的内容，再加以增补整理，也整整以三年的时间，在《人间福报》平面媒体与读者见面。

　　因为我经年累月云水行脚，在各地的佛光会弘法、讲说，断断续续撰写《星云法语》，偶有重复，已不复完全记忆。好在我的书记室弟子们，如满义、满观、妙广、妙有、如超等俄而提醒我，《人间福报》的存稿快要告罄了，由于我每天都能撰写十几则，因此，只要给我三五天的时间，我就可以再供应他们二三个月了。

　　像这类的短文，是我应大家的需要在各大报纸、杂志上刊登，以及我为徒弟编印的一些讲义，累积的总数，已不下两千万字了。《星云法语》，应该说是与《迷悟之间》、《人间万事》同一性质的短文，都因《人间福报》而撰写。承蒙读者鼓励，不少人希望结集成书，香海文化将这些文章收录编辑，文字也有百余万字，共有十集，分别为：一、精进；二、正信；三、广学；四、智慧；五、自觉；六、正见；

七、真理；八、禅心；九、利他；十、慈悲。

这套书在《人间福报》发表的时候，每篇以四点、六点，甚至八点阐述各种意见，便于记忆，也便于讲说，有学校取之作为教材。尤其我的弟子、学生在各处弘法，用它作为讲义，都说是得心应手。

承蒙民视电视台也曾经邀我再比照法语的体裁，为他们多次录像，并且要给我酬劳。其实，只要有关弘法度众，我都乐于结缘，所以与台湾的四家无线电视台都有因缘关系。而究竟《星云法语》有多大的影响力，就非我所敢闻问了。

承蒙知名学者李家同教授、洪兰教授、台中胡志强市长，以及善女人赵辜怀箴居士，为此套书写序，一并在此致谢。

是为序。

于佛光山开山寮

推荐序一　宗教情怀满人间

李家同

　　星云大师的最新著作《星云法语》十册套书，香海文化把部分的文稿寄给我，邀我为序。8 月溽暑期间，我自身事务有些忙碌；但读着文稿里星云大师的话，却能感觉到欢喜清凉。

　　《星云法语》里面有一篇我很喜欢，其中写道："要有开阔包容的心胸、要有服务度生的悲愿、要有德学兼具的才华、要有涵养谦让的美德。"

　　多年来我从事教育工作，希望走出狭义的精英校园空间，真正帮忙各阶层弱势学生。看着莘莘学子，我想我和星云大师的想法很接近吧，就是教育一定要在每个角落中落实，要让最弱势的学生，能个个感受到不被忽略、不受到城乡资源差别待遇。

　　青年教育的目的，不就是教育工作者，希望能教养学生，成为气度恢弘的国民吗？

　　为勉励青年，星云大师写下"青年有强健的体魄，应该发心多做事，多学习，时时刻刻志在服务大众，念在普度众生，愿在普济社会"。

　　星云大师的话，让我想起《圣经》里的箴言：

"有了信心，又要加上德行；有了德行，又要加上知识；有了知识，又要加上节制；有了节制，又要加上忍耐；有了忍耐，又要加上虔敬；有了虔敬，又要加上爱弟兄的心；有了爱弟兄的心，又要加上爱众人的心。"(《圣经·彼得后书》)

宗教情怀，就是超越一切的普济精神。人间的苦难，如果宗教精神无以救济，那么信仰宗教毫无意义。不论是佛陀精神，或是基督精神，以慈爱的心处世，我想原则上没有什么不同。尤其是青年人，更应细细体会助人爱人的真谛，在未来起着社会中坚的作用。这样，我们现在办的教育，才真正能教养出"德学兼具"的青年，让良善能延续，社会上充满不汲汲于名利，助人爱人的和谐气氛。

香海文化出版的《星云法语》，收录了精彩法语共计 1080 篇，每一篇均意味深长，适合所有人用以省视自己，展望未来。"现代修行风"不分基督、佛陀，亲切的圣人教诲，相信普罗大众都很容易心领神会。

如今出版在即，特为之序。

（本文作者为台湾暨南大学教授）

推荐序二　安心与开心

洪　兰

在乱世，宗教是人心灵的慰藉，原有的社会制度瓦解了，一切都无法制、无规章，人民有冤无处伸，只有诉诸神明，归诸天意，以求得心理的平衡。所以在东晋南北朝时，宗教盛行，士大夫清谈，把希望寄托在另一个世界。历史证明那是不对的，这是一种逃避，它的结果是亡国。智者知道对现实的不满应该从改正不当措施做起，众志可以成城，人应该积极去面对生命而不是消极去寄望来生。星云大师就是一个积极入世的大师，他在海内外兴学，风尘仆仆到处弘法，用他的智慧来开导世人，他鼓励信徒从自身做起，莫以善小而不为，当每个人都变好时，这个社会自然就好了。这本书就是星云大师的话语集结成册，印出来嘉惠世人。

人在受挫折、有烦恼时，常自问：人生有什么意义，活着干什么？大师说，人生的意义在创造互惠共生的机会，这个世界有因你存在而与过去不同吗？科学家特别注重创造，就是因为创造是没有你就没有这个东西，没有莫扎特就没有莫扎特的音乐，没有毕加索就没有毕加索的画，创造比发现、发明的层次高了很多，人到这个世上就是要创造一个双赢的局面，不但为己，也要为人。英文谚语有一句：Success is when you add the value to yourself.
Significance is when you add the value to others. 只有对别人也有
利时，你的成功才是成功。所以大师说，生命在事业中，不在岁月
上；在思想中，不在气息上；在感觉中，不在时间上；在内涵中，不在
表相上。这是我所看到谈生命的意义最透彻的一句话。

挫折和灾难常被当作上天的惩罚，是命运的错误；其实挫折和
灾难本来就是人生的一部分，不经过挫折我们不会珍惜平顺的日
子，没有灾难不会珍惜生命。人是高级动物，是大自然中的一分
子，不管怎么聪明、有智慧，还是必须遵行自然界的法则，所以有生
必有死，完全没有例外。但是人常常参不透这个道理，历史上秦始
皇、汉武帝这种雄才大略的人也看不到这点，所以为了求长生不
老，倒行逆施，坏了国家的根基，反而是修身养性的读书人看穿了
这点。宋代李清照说"今手泽如新，而墓木已拱……然有有必有
无，有聚必有散，乃理之常。人亡弓，人得之，又胡足道"。看透这
点，一个人的人生会不一样，既然带不走，就不必去收集，应该想办
法去用有限的生命去作出无限的功业。

一个入世的宗教，它给予人希望，知道从自身做起，不去计较
别人做了什么，只要去做，世界就会改变。最近有法师用整理回收
物的方式带信徒修行，他不要信徒捐献金钱，但要他们捐献时间去
回收站做义工，从行动中修行。我看了这个报道真是非常高兴，因
为研究者发现动作会引发大脑中多巴胺（dopamine）这个神经传导
物质的分泌，而多巴胺跟正向情绪有关，运动完的人心情都很好，
一个跳舞的人即使在初跳时，脸是板着的，跳到最后脸一定是笑
的。所以星云大师劝信徒，从动手实做中去修行是最有效的修行，

对自己对社会都有益。

在本书中，大师说生活要求安心，心安才能体会人生的美妙，才听得到鸟语，闻得到花香，所以修行第一要做到心安，既然人是群居的动物，必须要和别人往来，因此大师教导我们做人的道理，列举了人生必备的 10 把钥匙，书的最后两册是要大家打开心胸，利他与慈悲，与一句英谚 You can give without loving, you can never love without giving 相呼应。不论古今中外，智者都看到施比受更有福。

希望这套书能在目前的社会中为大家浮躁的心灵注入一股清泉，人生只要心安，利人利己地过生活，在家出家都一样在积功德了。

（本文作者为台湾阳明大学神经科学研究所教授）

推荐序三　法钥匙神奇的佛

胡志强

星云大师，是我一直非常尊敬与佩服的长者。

长久以来，星云大师所领导主持的佛光山寺与国际佛光会，闻声救苦，无远弗届，为全球华人带来无尽的希望与爱。

大师的慈悲智慧与宗教情怀，让许多人在彷徨无依时，找到心灵的依归。另一方面，我觉得大师潇洒豁达、博学多闻，无论是或不是佛教徒，都能从他的思想与观念上，获得启迪。

星云大师近期出版的《星云法语》，收录了大师 1080 篇的法语，字字珠玑，篇篇隽永。

我很喜欢这套书以"现代佛法修行风"为诉求，结合佛法与现代人的生活，深入浅出地阐释。尤其富有创意的是，以十册"法语"打造了十把"佛法钥匙"，打开读者心灵的大门，带领我们从不一样的角度，去发现与体会生活中的点点滴滴。

以《旅游的意义》这篇文章为例：

"……就像到美国玩过，美国即在我心里；到过欧洲度假，欧洲也在我心里，游历的地区愈丰富，就愈能开阔我们的心灵视野。

当我们从事旅游活动时，除了得到身心的纾解，心情的愉悦之外，还要进一步获得宝贵的知识。除了外在的景点外，还可以增加一些内涵，作一趟历史文化探索之旅，看出文化的价值，看出历史的意义。

比方这个建筑是三千年前，它历经什么样的朝代，对这些历史文化能进一步赏析后，那我们的生命就跟它连接了。"

"我们的生命就跟它连接了"这句话，让我印象十分深刻，生动描述了"读万卷书，行万里路"，正是一种跨越时空的心灵宴飨。

在《快乐的生活》一文中，大师指点迷津。他说："名和利，得者怕失落，失者勤追求，真是心上一块石头，患得患失，耿耿于怀，生活怎么能自在？"

因此"身心要能健康，名利要能放下，是非要能明白，人我要能融和"。

在《欢喜满人间》这篇文章中，大师指出：人有很多心理的毛病，例如忧愁、悲苦、伤心、失意等。佛经形容人身难得如"盲龟浮木"，一个人在世间上一年一年地过去，如果活得不欢喜，没有意义，那又有什么意思？如何过得欢喜、过得有意义？

他提出几点建议："要本着欢喜心做事，要本着欢喜心做人，要本着欢喜心处境，要本着欢喜心用心，要本着欢喜心利世，要本着欢喜心修行。"

看到此处，我除了一边检视自己在日常生活中做到了多少？另一方面，也希望把"欢喜心"的观念告诉市府同仁，期许大家在服务市民时认真尽责之外，还能让民众体会到我们由衷而发的"欢喜心"。

而《传家之宝》一篇中所提到的观点，也让为人父母者心有戚戚焉。

　　大师说：一般父母，总想留下房屋田产、金银财富、奇珍宝物给子女，当作是传家之宝；但是也有人不留财物，而留书籍给予子女，或是著作"家法""庭训"，作为家风相传的依据。乃至禅门也有谓"衣钵相传"，以传衣钵，作为丛林师徒道风相传的象征。

　　他认为"传家之宝"有几种：包括宝物、道德、善念与信仰。到了现代，书香、善念、道德、信仰更可以代替钱财的传承，把宗教信仰传承给子弟，把善念道德传给儿孙，把教育知识传给后代。

　　"人不能没有信仰，没有信仰，心中就没有力量。信仰宗教，如天主教、基督教、佛教等，固然可以选择，但信仰也不一定指宗教而已，像政治上，你欢喜哪一个党、哪一个派、哪一种主义，这也是一种信仰；甚至在学校念书，选择哪一门功课，只要对它欢喜，这就是一种信仰。有信仰，就有力量，有信仰，就会投入。能选择一个好的宗教、好的信仰，有益身心，开发正确的观念，就可以传家。"

　　细细咀嚼之后，意味深长，心领神会。

　　星云大师一千多篇好文章，深刻而耐人寻味，我在此只能举出其中几个例子。很感谢大师慷慨分享他的智慧结晶，让芸芸众生也有幸获得他的"传家之宝"。

　　在繁忙的生活中，每天只要阅读几篇，顿时情绪稳定、思考清明、心灵澄静。有这样的好书为伴，真的"日日是好日"！

（本文作者为台中市市长）

推荐序四　人生的智慧和导航

赵辜怀箴

我一直感恩自己能有这个福报，多年来能跟随在大师的身边，学习做人和学习佛法。每一次留在大师身边的日子里，都可以接触到许多感动的心，和感动的事；每一次都会让我感觉到，这个世界真的是非常的可爱。

大师说：他的一生就是为了佛教。这么多年来，大师就这样循循地督促着自己，为此，马不停蹄地一直在和时间做竞跑。大师的一生，一向禀持着一个慈悲布施、以无为有的胸怀，做大的人，做大的事。如果想要问大师会不会和我们一样斤斤计较？我想他唯一真正认真计较的事，就是，对每一天的每一分和每一秒吧！

在大师的一生里，大师从来不允许自己浪费任何一分一秒的时间；无论是在跑香、乘车、开会、会客或者进餐；大师永远都是人在动，心在想，手在做，眼观六路，耳听八方，把 1 分钟当 10 分钟用；在高效率中不失细腻，细腻中不失大局，大局中不失周全；周全里，充满了的是大师对每一个人无微不至的关怀和体贴。

大师自从出家以来，只要是为了弘法，大师从来不会顾及自己的健康和辛苦，数十年如一日，南奔北走，不辞辛劳地到处为信徒开示演讲；只要有多余的时间，大师就会争取用来执笔写稿；年轻时也曾经为了答应送一篇文稿给出版社，连夜乘坐火车，由南到北。大师从年轻时就非常重视文化事业，大师也坚信用文字来度众生的重要。大师一生一诺千金，独具宏观，不畏辛苦，忍辱负重，在佛教界树立了优良的榜样，对现代佛教文化事业得以如此的发达，具有相当肯定的影响力。到目前为止，大师出版的中英文书籍，已经不下数百本。

记得在20世纪60年代的时候，大师鉴于电视弘法不可忽视的力量，即刻决定要自己出资，到电视公司录制作晚上8点档的《星云法语》，使其成为台湾第一个在电视弘法的节目。我记得大师的《星云法语》是在每天晚间新闻之后立即播出，播出的时间是5分钟，节目的制作，既"精"又"简"。节目当中，配合着简单明了的字幕，听大师不急不缓地娓娓道来，让观众耳目一新，身心受益。

这个节目播出之后，立即受到广大观众的喜爱和回响。大师告诉我，在节目播出之后不久，由于收视率很好，电视公司自动愿意出资，替大师制作节目；大师从此不但有了收入，也因此多了一个电视名主持人的头衔。这个《星云法语》的电视节目，也就是今天所出版的《星云法语》的前身。

佛光山香海文化公司精心收录的《星云法语》即将出版。这一条佛法的清流，是多年来星云大师为了这个时代人心灵的需求，集思巧妙地运用生活的佛教方式，传授给我们无边的法宝。每一篇，每一个法语，星云大师都透过对细微生活之间的体认，融合了大师在佛法上精深的修行智慧。深入浅出地诠释，高明地把佛法当中的精要，很自然地交织在生活的细致之间，用生活的话，明白地说出现代佛法的修行风范，让读者有如沐浴在法语春风之中的感觉，很自然地呼吸着森林里散发出来的清香，在每一个心田里默默地深耕着。等待成长和收割的喜悦，沐浴着太阳和风，是指日可待的。

今承蒙香海文化公司的垂爱，赐我机会为《星云法语》套书做序，让我实在汗颜；几经推辞，又因香海文化公司的盛情难却，只有大胆承担，还请各位前辈、先学指正。我在此恭祝所有《星云法语》的读者，法喜充满。

（本文作者为国际佛光会世界总会理事）

目　录

卷一　处事之要

卷二　预备未来

卷三　工作之要

卷四　理想的实现

<h1>卷一 ｜ 处事之要</h1>

做事可以考验一个人的恒心毅力，

可以看出一个人的胆识器度，

可以印证一个人的修养有无，

所以，做人最要紧的就是处事的态度。

处事之要

做事可以考验一个人的恒心毅力，可以看出一个人的胆识气度，可以印证一个人的修养有无，所以，做人最要紧的就是处事的态度。关于"处事之要"，有四点说明：

第一，处事不以易而疏忽

语云："莫将容易得，便作等闲看。"很多时候，由于我们做起事来觉得很顺畅、很容易，就掉以轻心，就疏忽大意，结果酿成大祸。阿里山小火车出轨，就是因为角栓塞没开，这么一个致命的开关把手，只在一提一压之间，简单容易，却因为一时疏忽而造成多少家庭天人永隔的悲剧。所以再小的事情，我们都应该谨慎从事，用心把它做好，以免造成遗憾。

第二，处事不以难而退却

一般人做事，遇到了困难就生起退却之心，其实成功与失败往往就在于能否坚持最后 5 分钟。所以我们做事，要有冒险犯难的精神，尤其愈是艰难的事情，愈有挑战性，愈能激发我们的潜能，愈需要有人去做。因此做事不问难易，只要于人有益，我们就应该勇敢地克服困难，只要不怕挫折，一而再、再而三，终能完成。

第三,处事不以久而懈怠

年轻人立志,往往"初发心容易,恒常心难持",因此不管从事任何事情,可能要经年累月,要经过一段很长的时间才能看到成果。有的人因为不耐烦,半途而废,以致前功尽弃。其实做事哪能样样立竿见影,像过去读书人,必须经得起十载寒窗,才能一举成名;又如古代中国人酿酱瓜、酱菜,闷在坛子里,愈久就愈香。所以,现在年轻人要想成功立业,不能求速成,要耐烦、耐久,经久而不懈怠,才能久炼成钢。

第四,处事不以逆而愤怒

与人共事,难免会有意见相左的时候,不能因为别人与我的看法、做事风格不同,就生气而分道扬镳。有时父母师长也会从旁给我们一些做人处事上的建议、开导,我们要虚心接受,不要觉得他们是在干涉我、指责我,因此而愤怒不平,甚至率性地丢下不管,不肯承担,如此终将一事无成。所以我们做人处事,不能以逆而愤怒,这是处世之大忌。

处事的要点其实有很多,不过只要我们能记住以上四点,也算得到了处事的三昧。

处世四智

在一个人一生中，倒不一定要凭恃有多少财富或者多少能力，才算成功。最重要的是，要看他人及历史所给予他的道德评价。古人说："善养生者，当以德性为主。"儒家也说："七十从心所欲不逾矩"，以此作为人生成熟阶段的道德境界。因此"德性之美"是每一个人所需，以下有四点看法：

第一，要有丰富的学识

学才能有所识。一个人没有教育、学识，在这竞争力强的社会做人、处世，都难以立足，对人生境界的提升开展，也会受到限制。但是有了学问，却只是一知半解，这也是不行的，必须要有丰富的学识，对各行各业都有所涉猎，略知一二，才不致孤陋寡闻。因此，丰富的学识，是我们人生追求的德性之美。

第二，要有正当的工作

佛教八正道中，"正命"指的是以正当的职业，谋取生活所需。一个人必须要有正当的工作，才能获得安定生活的保障。正当的工作没有高低贵贱，举凡公务人员、农民耕作、工厂营运，哪怕是清道夫，只要务实，也是会受人尊敬与肯定的。

第三，要有风趣的生活

一个人不能太呆板，要懂得制造一点风趣的生活。例如家庭里，夫妻、老少、儿女之间，因为你的风趣，会增加欢乐气氛；团体同侪里，因为你的风趣，人际关系会更和谐。风趣，能让生活和合无争，沟通时减少障碍；风趣，会让妻子体贴丈夫的辛劳，丈夫体贴妻子的辛苦，子女感恩父母的开明教育，学生感谢师长的通情达理，消除彼此的计较分别，消除烦恼的纠葛。因此，风趣的生活，比物质的生活更重要。

第四，要有诚实的修行

每一个人信仰宗教最主要的目的，不是只想得到一点知识义理，而是要修行实践。憨山大师说："学道容易悟道难，不下功夫总是闲；能信不行空费力，空谈论说也徒然。"你有信仰，却不肯去实践，就像学游泳的人，不下水，永远享受不到戏水之乐。因此我们对于自己所选择的信仰，要诚实修行，不能虚妄。

有德之人，能益己利世，能如深谷幽兰，散发清香在人间，不亦美矣！

相处准则

人在世间生活，每天都要与家人、邻居、朋友、同事等许多人往来相处。人际关系处得好，不但生活愉快，做起事来也会格外的称心如意。所以，做人要懂得人我相处之道，要把握好相处的准则。关于"相处准则"，有四点意见提供：

第一，相见要以诚、以真

人之相交，贵在知心。能够真心诚意，发自内心地以诚、以真待人，才能获得别人的信赖。有的人做人虚伪不实，讲话油腔滑调，令人一见就心生反感，甚至对他生起戒备防范之心，如此当下筑起人我之间的藩篱，人际关系怎么会和谐呢？所以，人与人初见，要让人感觉到我是一个很诚恳、很真实的人，自然能够获得对方的友谊。

第二，相待要以礼、以敬

人，都希望得到别人的尊敬、礼遇。平时不管对待家人、邻居，或是与同事、朋友相处，最重要的就是要有礼貌，要有恭敬。所谓"礼多人不怪"，在佛教也讲"佛法在恭敬中求"。如果我们待人能多一点礼貌、多一些尊敬，无形中也给自己多一些方便，日后做事也会更顺利。

第三，相处要以平、以淡

人与人相处，所谓"君子之交淡如水"。即使是再好的朋友，过分亲热，友情也难以持久。甚至有时还会因为彼此不懂得保持距离，难免发生摩擦，所以最好还是用平常心、平等心，淡然地相处，才能愈久愈香。

第四，相勉要以学、以道

世界上，君子以道为友，小人以利为友；真正的好朋友，要做彼此的善知识，所谓"友直、友谅、友多闻"。所以朋友相交，要在学问、道德上互相勉励，互相学习。学问、道德是一个人立身处世的根本，诸如道德的观念、道德的语言、道德的行为等，所以朋友之间，要在道义上、知识上结交，要彼此相勉以学、以道。

胡适说："要怎么收获，先怎么栽"，这句话也可以用在人际关系的相处上："我们希望别人怎么待我，我就先如何待人。"

处世无怨

人生最大的无明是怨尤！当一个人处贫穷时，怨恨就多；当工作不被重视时，怨恨也多。有时候愚痴、没有智慧、没有能力时，也容易怨天尤人。如何处世无怨？可以说是每一个人都必须学习的课题，因为我们在世间与人相处，不仅不要让人对我有所怀恨，我自己本身也不要有太多的怨恨。所以，如何"处世无怨"，有四点意见：

第一，要亲近善友

古人说："独学而无友，则孤陋而寡闻。"经典也说："善友第一亲。"当我们身体生病时，要找医生治疗；心灵有病了，则要靠善知识的劝告提醒。例如心中有了计较、烦恼、怨恨，由于亲近了好的朋友，他会开导我；或者我所交往的都是善友，他也会包容我，不会计较、怨恨我，所以平时要结交善友，要亲近善知识。

第二，要不嫉他胜

怨恨从哪里来？很多时候都是从嫉妒他人而来的。因为见不得别人好，所以一听到朋友升官发财，看到邻居富贵美满，心里就不是滋味，就会排斥、嫉妒，慢慢就有了怨恨。其实别人获得利益，我不但应该为他欢喜，我也可以沾光，也会感到与有荣焉。只要我能不嫉人有、不妒他胜，自己就没有怨恨了。

第三，要喜人获誉

佛教徒常常发愿说："众生无边誓愿度。"然而，"不欲人获利，岂愿他成佛?"所以，学佛修行，首先要有心量分享别人的好。当别人获得了善名美誉，我要为他欢喜；当朋友被称赞为很有学问、很有道德，我要为他高兴。甚至我的同乡很有成就，我也要为他祝贺。能有这种雅量，才不会怨恨。

第四，要闻善着意

"闻善言不着意"，这是佛陀所说的五种"非人"之一。有的人，不管你说了多少好话，他根本听不进去；无论你做了多少好事，他就是看不到。因为他的心中没有好的、善的、美的，没有营养、没有资粮，所以内心很贫乏，当然容易怨恨。一个人要"闻善言而能着意"，好话，我能留心听进来；好事，我不但看到了，而且我懂得了。能够如此，自然就不会有怨恨了。

《佛光菜根谭》说："淡泊无得失，宽容绝恩怨。"又说："明白因果，就不怨天；了解自己，就不尤人。"总之，做人圆融怨尤少。

处世

《三国演义》里有一句话说："处世不分轻重，非丈夫也。"可以看出古人对立身处世的重视，同时也说明处世对一个人的重要。处世要懂得应对进退，懂得把握分寸，就好比"跳探戈"，能进的，向前跨进一步，不能进的，就要后退一步。总之，你要避免踩到别人的脚，否则这支舞就跳不下去了。处世的进退之道是什么呢？有四点：

第一，处治世立威望

身处太平盛世、社会安定时，就要养成道德威望。所谓"君子之德风，小人之德草。草上之风必偃"。德风威望不是造作而有，是慈悲的流露，是德行的显发。有威望的人自能受人尊重，受人信赖，无论团体、机关、组织，领导人的威望，是带领团队或组织走向盛治的条件，也是创造意义价值的关键。

第二，处乱世用圆通

当社会秩序混乱，人我伦理关系失常时，就不能一味守成不变，必须圆通一点。圆通不是没有原则，而是不要太过计较细节，不要太过执着成规。观世音菩萨因为耳根圆通，所以能寻声救苦；

金山寺妙善禅师因为善巧度化，解决众生苦难，所以被称为"活佛"，在为人处世时，有一点圆融方便，才能通达人情，自利利人。

第三，处高位要谦恭

所谓"高处不胜寒"，当你的事业愈大，地位愈高时，就愈要懂得"低头"的哲学。台湾企业家张姚宏影曾说："我所以有今天的成就，是向多少人弯腰鞠躬后才有的。"慈航法师也说过："如果要人讨厌你，你尽可挺胸昂头！"谦虚恭敬不是客气，也不是虚伪，它是发自内心的柔软，是对人事物的尊敬、接受。处高位者能谦恭，就像金字塔一样，稳重而厚实。一个人愈懂得谦虚恭敬，才会更有人缘。

第四，处低处勤用功

有的人常有"生不逢时""怀才不遇"之叹。其实，如果你真的很有能力，可是生不逢时；或是你很有德行，却不受人重视。处在这种低潮的时候，不要着急，也不要失望，只要你养深积厚，做好"蓄势待发"的准备，一旦因缘成熟，不怕不被隆重推出。所以，一个人"不患无位，患所以立"，只要自己有实力，何患无成。

古人说："夫乾坤覆载，以人为贵；立身处世，以礼仪为本。"懂得进退得宜，出入有序，是做人处事的基本条件，否则纵使周知天下事，不懂进退，总是愚痴。尤其，在进退间恭敬，在往来时宽厚，更是立身处世之道。

做事

人要生活，必然要做事。小至个人刷牙洗脸，日常卫生的打理，乃至家庭主妇操持家务，料理三餐；甚至上班族在外工作，处理业务、政府首长办公，日理万机等。可以说，每一个人每天都要做事。从做事的态度，可以看出一个人的能力与品性。关于"做事"，有五点说明：

第一，勤劳的人做事，有始有终

现在的团体，讲究集体创造，平时分层负责，但是"分工"之余还是要"合作"。当一群人共同工作的时候，最能看出一个人的勤与惰。懒惰的人做事虎头蛇尾，虚应故事，甚至上班时间喝茶看报，浑水摸鱼，借故开溜等。勤劳的人做事，恪尽职守，认真负责，一件事交代给他，必然有始有终。这种人具有责任感，所以总能让人放心托付重任。

第二，诚实的人做事，有规有矩

"世风日下，人心不古"，现代人追逐功利，凡事讲求速成，做事大都不肯循规蹈矩，总想投机取巧，希望捡现成的便宜，甚至获得暴利。其实，凡事有因必然有果，不依规矩做事，往往偏离正道，所做不合道德、不合善良风俗、不合众人利益，自然难以获得好的结果。因此，自以为聪明的人，聪明反被聪明误。唯有诚实做事，依照规矩，按部就班，根基稳固，才有长远的未来。

第三，聪明的人做事，有条有理

做事可以开发智慧，因为工作的当下，肯用心的人懂得从中找出简易、省时、有效的方法，不但做出来的结果事半功倍，自己也可以从中获得经验与智慧。反之，不用心的人，做事没有计划、没有组织、没有安排、没有条理，因此往往一团忙乱。现在一般人做事，都讲求做事的质量，所以，聪明的人做事，都很讲究条理。

第四，乐观的人做事，有欢有喜

同样做事，有的人乐在工作，有的人视工作为畏途。一般说来，心性乐观的人，工作时总能保持轻松愉快的心情，不但脸上时常露出快乐的笑容，而且说话幽默，与人有说有笑。所以，跟随乐观的人做事，即使工作再繁重，也能在轻松谈笑的气氛中，减轻工作的压力。

第五，谨慎的人做事，有守有为

"创业维艰，守成不易"。一个行事谨慎的人，做事通常都是有守有为；举凡想要扩充一样设备、开拓一项业务，一定会审慎评估，绝不会贸然行事。乃至凡有所做，只要对国家、社会、民族有利的事情，即使牺牲个人利益也在所不辞；如果是对国家社会无益之事，就是有利可图，他也不肯为。所以，谨慎的人做事，不但"有守有为"，而且"有所为、有所不为"，他心中自有分寸。

甘地夫人曾说："世上有两种人，一种人做事，另一种人邀功。我要试着做第一种人，因为这类的人比较没有竞争对手。"我们不仅要当"做事"的人，而且要成为"会做事"的人。

做事的津梁

比赛场上有比赛的规则，公司企业有发展的共同原则；做人有做人的原则，说话有说话的准则，当然，做事也要有做事的津梁。有了准则才会有目标，依照准则定方法才不致差错。不会做事的人，不知道如何把握准则，拿不定主张，相继的也产生很多附加的闲话、是非和争论。所以，"处事的津梁"有四点：

第一，行事要权衡轻重

文章要言之有力，则文句铺排要有轻重缓急；音乐要能感人肺腑，则节奏的轻重快慢要把握得好；事业要能成功，除了人力支持，主事者也要懂得权衡事情轻重，才能有完美表现。再说，建一栋房子，是先从门做起，还是先从屋顶做起？购买家具，是先买桌子，还是先买椅子？你要用人，是先用会计，还是先用总务呢？凡事都要权衡轻重，事情进行才会比较顺利。

第二，说话要真诚和善

《荀子》曰："与人善言，暖于布帛；伤人之言，深于矛戟。"说话真诚和善，彼此欢喜，结的缘就深；说话恶意中伤，为人所唾弃，结下的就会是恶缘。做任何事都必须和人接触，即使再能干的人，也都会有需要人家帮忙的时候，如果人家不愿意帮助你，事情就很难完成。所以，和人的应对往来，说话真诚得体是很必要的。

第三，做人要明辨是非

人除了会说话、会做事，还要会做人。做人难，人难做，难做人，做人最大的困难是什么？就是明辨是非。世界上，是是非非、好好坏坏的事情很多，但是对"是"和"非"的判断却是各凭智慧。倘若你没有是非对错的正见，人云亦云，"墙头草两面倒"的结果，你的人生将会过得浑浑噩噩，糊里糊涂，且无所适从。

第四，修行要合乎中道

日常生活中，做事的时候，我们希望能利益别人；说话的时候，也想到要给人欢喜，凡事都想到要帮助别人，但是有一件事却得要想到自己，那就是修行。修行是自己的事，没有人替代得了你，到底要怎么修呢？修行要合乎中道，中道就是不偏不倚。修行不在于特立独行，不是眼观鼻、鼻观心才叫作修行，修行主要在于修心，苦乐之间、忙闲之间都要能恰到好处，过与不及，都非善事。

明朝王守仁说："志不立，如无舵之舟，无衔之马。"因此，人生要有准则，有准则为人处世才能顺理成章，也才能有所成就。

做事的准则

火车有轨道，所以能平安行驶；船只有航道，故不会迷失方向；读书有方法，才能抓到重点；做人也要有原则，才能与人往来；当然做事也要有做事的态度与准则。做事的准则为何？四点意见说明如下：

第一，要担当，要负责

无论你是大人物还是小人物，做大事还是做小事，最重要的是要能担当，要能负责。主管没有担当，不能负责，则部属得不到安全感；反之，部属不能担当，不能负责，则将影响团体整体运作的进度。所谓"大丈夫一人做事一人当"。想要获得事业上的成就，就要坚定自己勇于负担责任、行事不苟的态度；想要获得朋友的信赖，也要给人能承担、能认真的信任感。希望人生过得踏实，就要如此养成自己担当负责的生活态度。

第二，要自知，要知人

《吕氏春秋·用众》曰："物固莫不有长，莫不有短，人亦然。"一个人不仅要了解自己的能力有多少，也要知道自己的长处和短处在哪里，才能借由不断地自我调整而进步。了解自己之外，更要了解别人，才不会对他人提出过分的要求。再说，一个人的能力再大，也会有所局限，为了远景着想，大家必须互助合作，"取他人之长，补一己之短"，才能顾全大局，完成功业。

第三，要明理，要明事

一个会做事的人，明理明事的态度，对他而言是非常重要的。有的人做事，不能掌握事情的前因后果，不重视事情的法则，一旦事情败坏，就只能在结果上怨恨、计较。其实，事出必有其因，原因不能明白，将无法断定结果的真实性，所以，明理的人，要懂得因果关系的重要；明事的人，要注重因果的法则。

第四，要体谅，要尊重

每个人的思想观念、行事作风都会有所差异，人类是群居的动物，任何事情往往不是靠一个人孤军奋斗就能达成，一定需要很多人的通力合作才能完成。因此，大家在一起做事，如果没有体谅别人的心，别人就不愿服从你；没有尊重别人的态度，别人也不会对你尊重。所以，为人处世彼此体谅、尊重是很重要的。

做事要做得好，要为自己立下做事的准则；有原则可循，则不致偏差。如古语所云："德以处事，事以度功。"做事的准则，可作为我们行事的参考。

学做事

学做事，等同于学做人，从一个人做事的态度，就可以了解他的个性及人格，所以，"学做事"有四点建议：

第一，禄不可以无功而取

学生成绩优异，学校颁发奖状奖励；警察破案有功，上级给予记功嘉勉。一个人能为团体、社会所肯定，非一夕可得，背后历经的辛酸难为外人所知，所以功劳、奖牌、勋爵、奖赏的获得要实至名归。所谓"无功不受禄"，荣誉要以自己的成绩去拥有，不能无功而取，如果没有功劳、没有功德，即使得到勋爵奖章那也不是我的。甚至光荣有时候是大众一起努力得来的，也要能作"成就归于大众"想，不可以骄矜自恃。

第二，刑不可以因势而免

一个人不可以因为自己拥有权势就公私不分，刑罚、处分是罪有应得，犯了错就应该接受处罚。作奸犯科，国家有处以刑罚的职责；违反团体规约也理当作适当的处分。所谓"王子犯法与庶民同罪"，绝不因为你是商场大亨，或拥有高官厚禄，权高势大，犯了过失就可以免刑，那会导致众人不服、舆论谴责，甚至引发动乱。国家的法律是用来保护百姓生活的，团体的制度是用来保障人民福祉的，所以执法要公平。

第三，利不可以因宽而有

做事要能公正，利益要能均等。在校园里，老师有义务指导每一位学生的学习，不能因为学生资质的差别，而忽略某些人的学习；在社会里，警察是人民的保护者，有义务维护人民的安全，处理事情立场要能中立；在公司里，主管是领导中心，对于属下的福利照顾应当公平一致。大众的事，要能一视同仁，依法办理，凭着良心做事，才能让人心悦诚服。

第四，严不可以因苛而求

父母基于教育子女的责任，要求会严格；教师基于学生学业成绩的进步，要求会严格；公司为了产品质量的提升，要求会严格。"严格"因人、因时、因地制宜，未必不好，但如果成了"严苛"，掺有情绪的干扰就不好了。《礼记》上说："苛政猛于虎。"一个国家的政令过于苛刻，比老虎更加凶猛可怕；待人如果以苛，就没有人敢和他接近了。所以"严"可以，但是绝对不要"苛"，苛求苛严反而会适得其反。

学做事，应当要常常反省今天的我是否比昨日的我更进步。

做事的方针

做人就要做事，没有一个人不做事的。有人会做事，有的人不会做事；有的人能做大事，有的人只能做小事；有的人能做困难的事，有的人只能做容易的事；有的人做事要很多人一起才能完成，有的人做事自己就能独自承担。总之要如何做事呢？以下四点做事的方针提供参考：

第一，做大事有魄力

所谓大事就是众人的事，或对国家、社会有影响的事。做大事的人必须要有魄力，假如优柔寡断，怎能成功？做大事要有做大事的条件、做大事的因缘。做大事，首先要将做大事的气魄养成，如此才能成就。

第二，做小事要细心

有的人不想做什么大事，只想做小一点的事。所谓做小一点的事，可能只为一县、一乡、一村、一个工厂、一个团体、一个家庭做事；虽说事小，但是小事也会间接影响大事。比如我做一名厨师，要把菜肴调味调好，让主人温饱，主人因为营养足够，方能成就大事；做一个公园的园艺师，要把花木照顾好，让参观者欢喜，传播美名，就是在为国家、社会争取荣誉。所以，即使做小事，也需要细心，才能把小事做好。

第三，做难事肯忍耐

事情有容易做的，有不容易做的。容易做的事，不一定要你来做，大家都会做；困难的事，就必须是可以接受挑战，可以处理困难的人才能承担。处理困难的事，最重要的就是忍耐力。有忍耐，方能担当苦难；有忍耐，才能化解困难；有忍耐，才能发挥力量；有忍耐，就能坚持到底。有的人欢喜做具有挑战性的工作，不在乎事情大小，他都愿意，即使遇到困难也不怕难，这种胸有成竹的动力即是来自忍耐。假如遇到一点挫折、困难，就灰心丧志，便无法成就难事了。因此，做难事，要养成忍耐力。

第四，做善事能无相

有很多人都想做一点善事，但你能真心为社会、苦难的人做一些好事吗？做好事不要沽名钓誉，不一定要人家知道，我才愿意把善事做好。真正的善事是要无相，无相就是不计名、不计报答、不计人家的感谢与否，而且做了以后都要忘记，以《金刚经》中"无我相、无人相、无众生相、无寿者相"，没有分别、执着的心，去成就善事美事，才有真功德。

做事可以从小事做起，积累丰富经验；做事也可以大事作为目标，不断努力，成就一番事业。但千万不要大事无能，小事执着，那可就不好了。

创业条件(一)

一个想拥有事业的人，只要用心体会大众的需求，就有机会创业。尤其现代的人在科技的助力下，早已颠覆传统的创业模式，他们敢冲、肯拼、富创意、勇于创新，因此处处充满创业的机会。虽然如此，创业还是有基本条件，提供以下四点：

第一，运用资本

创业需要资金，当然不在话下，但如果懂得运用不同的资源，即使手头上没有足够的创业资金，还是有机会的。比方可以采取合伙投资，一方面投石问路，一方面储备财源，寻求让双方获利的机会。接着善用资金、开源节流，创业发展就不是问题了。有多少钱，就做多少事，不但借贷容易，也降低了创业的门坎。

第二，人脉缘分

人脉是创业的重要助缘，尤其白手起家者，更需要广结善缘，才能在事业上增添助缘。有了活络丰沛的人际网络，不但可避免孤军奋战的窘境，还能增加源源不绝的机会与交流渠道。除了亲朋好友，同学、同事，乃至同行或非同行的人，都是建立人脉的对象。

第三，创造时机

现今环境迅速变动，要从诡谲多变的时局中，有效掌握时机，就要时时觉察、分析时势。平时努力学习，让自己具备专业知识与技能，一俟市场需要，就积极投入，抢先创造时机，也是事业成功的条件。

第四，条件具足

创业没有大师，即使现今杰出的大企业家王永庆、张忠谋、比尔·盖茨等，他们成功的途径，也不见得适用每一个人。重要的是，要了解自己的优势、劣势，找出适合的方案，并投注时间、心力；自身条件具备了，自然无事不成。

除了赚钱谋利的目的，创业更可以打造一个发挥能力、才华的舞台。社会上事业有成者，无不是从创业中获得自我的成就。即使大器晚成，只要因缘成熟，懂得把握机会，善用人力，结集资源，则创业有成，就是早晚的事了。

创业条件（二）

一个人想要创业成功，除了拥有足够的资金、专业的技术等外在条件，内在的健全、管理的能力、事业的远景也很重要。以下再谈四点"创业条件"：

第一，经验务实是事业之本

经验来自实践，成功由于力行；一个人想要有所成就，最重要的是勇于从实践中汲取经验，再从经验中积累实力。所谓"千里之行，始于足下"，事业的扩展是一步一步进行的，根基愈稳固，发展的空间就会愈大。因此，创业者除了要有远大的志向，也要克服好大喜功的心态，抱持脚踏实地的创业精神。

第二，诚信和谐是事业之本

诚信为立业之本，不论是主管或员工都必须讲究诚信，才能提升组织的声望。诚信是无价之宝，能够得到客户的信任，事业才能蒸蒸日上，否则很快就会被市场所淘汰。另外，人与人之间，即使是夫妻，也要相敬如宾，才能和谐到老；即使是父母子女，也要以礼相待，才能上下和谐。而团体的和谐，更是内部安定的力量；人事和谐有助于事业的发展。

第三，时节因缘是事业之本

事业的创立不是一朝一夕可成的，需要资金、人力、市场等条件，这种种时节因缘，都是创业不可或缺的条件。以美国阿姆斯特朗登陆月球为例，不仅仅是个人的成就，更是美国整个科学界的努力方可完成。世界上的各种成就，都是因缘和合而成，事业的创立和成就，当然也不例外。

第四，时空通达是事业之本

人的世界，有前面的半个世界，也有后面的半个世界；有心外的物质生活，也有心内的精神生活。甚至有了前后内外，还要通达古今上下，才能有全部的人生。创业亦是如此，心中要有人、有事、有物、有是、有非、有古、有今，如此时空通达，方得任运自如。

创业不只是以金钱来换取结果，也不只是一间办公室就能成立，需要集合众多的因缘条件才能成就。

善为主管

中国人有一句老话："宁为鸡首，勿为牛后。"人性趋向于欢喜领导别人，却不愿被人领导，总想管人而不被人管。事实上，到了现代民主社会，管人，已是落伍的思想；一个好的主管，应讲求人性化的管理，而非盛气凌人，高高在上。如何成为好的主管，给予四点意见：

第一，目标明确提示

船只在大海中，因为有明确的目标，所以不怕迷失方向；飞机在空中，因为有明确的航线，所以可以安心飞行。身为主管，必须给予部下明确的指示，目标是什么，才能有依循准则。大众看清目标，就可以向前迈进。

第二，凡事以身作则

佛陀亲自为年老的弟子穿针引线，为生病的比丘端药倒茶，表示佛陀的平等慈悲、以身示教的精神。俗语云："身教重于言教。"一切的言教，均未能比"以身作则"更具说服力。

第三，聆听属下意见

聆听，是做主管的美德，是对别人尊重的行为。身为主管，面对属下前来向你报告，认真倾听；属下前来建言，自己必定获益，也能得到支持。

第四，胸怀包容异己

展现包容异己的胸襟与气度，这是做主管必有的雅量。身为主管，胸中也要能把好坏、善恶、长短、得失，包容纳受，不因异己而有执着，因为有容德乃大。

凡事锱铢必较，岂能成为主管？唯有心大才能领导人，成就大事业。

现今民主的时代，身为主管能亲众爱众，才能受人拥戴。有平等观、慈悲观的性格，时时心系着"我该如何为大众服务，帮助大众解决问题"？用心尽义，方才善为主管。想要领导他人，此四点意见不能不注意。

好主管

一个家庭里有家长，所谓"一家之主"，家长就是主管。一个村有村长、一个镇有镇长，村长、镇长也是主管。举凡机关团体、公司单位、学校工厂，无论规模大小如何，都会有许多阶层的主管。而一个人一生，只要肯勤劳向上，或多或少，也有机会轮到自己做主管的时候。怎样做一个好主管？有四点意见：

第一，好善无厌

收藏家对于善美、精致的作品，无不用尽心思将其搜罗。身为主管，对于部属一切真善美的特点，也要如同搜罗珍宝一般，百纳不厌。周公捉发吐哺，求贤若渴，身为现代主管，只要是好人才，也要如大海纳百川般，统统接受，给予发挥空间，适时举荐。倘若妒贤害能，不肯拔擢，深怕部属胜过自己，那就不是好主管了。

第二，受谏能诚

《贞观政要》云："木从绳则正，后从谏则圣。"作为主管，不但要有听取部下意见的胸襟，还要把属下建议的话"听进去"，进而改善己过。唐太宗广纳谏言，历史上留下"贞观之治"辉煌时代；反之，宋襄公标榜仁义之师，但不能审时度势，不听群臣劝谏，执意与楚军一战，结果兵败身亡。古来帝王遇到好的大臣劝谏，他也要听得进，才是明君。所以，一个好主管要受谏能诚。

第三，闻过则喜

人非圣贤，孰能无过？有过失，没有大不了的；有过失，肯认错改过，才是令人称道，"周处除三害"，不正是"知过能改，善莫大焉"的最好例证。现在有许多主管阶层的人，死不认错，错不肯改，这很容易为自己招来麻烦，陷入窘境。假如是一个好主管，他闻过则喜，闻过则改，绝不为自己的过失遮掩与推托借口。

第四，精益求精

主管是领导团体向前迈进的指标，团体要能与时俱进，必须不断求新求变。精益求精，是产品质量不断追求的高标，也是一个公司企业成长永续的原动力。人也是一样，所谓"好还要更好"，懂得追求真善美，精益求精，不断寻求进步，才是真正好主管。

其实，除了主管是带领团体发展的火车头外，每个人对于自己口说、身行、心想，也都必须负起管理之职，你不去管人而管自己，人人做自己的主管，你也会是一个好主管。

主管的形象

在社会上，每一种职务角色，都有他的形象；像军人有勇敢的形象，警察有正义的形象，乃至模特儿有美丽的形象，清道夫也有辛勤的形象。无论在哪个单位、团体，都会有主管，如果想要做一名主管，应该树立一个什么样的形象？以下有四点意见：

第一，不露喜怒之色

做主管的人，不能一下子欢喜，一下子生气，因为你高兴欢喜，部属都会跟着你欢喜，你生气烦恼，部属也会跟着你忧郁，因此，做主管的人喜怒哀乐不可形于色。欢喜的时候，不必得意忘形；生气的时候，也无须冲动鲁莽，这才是个沉稳高明的主管。

第二，不昧己身之过

做主管的人，不可隐藏自己的错误，甚至要不断地认错。西方社会国家，有一些官员常常自我解嘲，拿自己开玩笑来化解冲突、尴尬、误会的场面。因此主管有过失时，你跟部下道歉，自我责备，就像过去皇帝下罪诏己，不但无损于尊严，相反的，必定能获得部属的认同支持，部下也必定得到很好的身教影响。

第三，不拒困难之事

佛经说这是一个娑婆世界，总无法避免遇到困难、挫折、沮丧
的事。身为主管，不要把困难的事情全交给部属去做，困难的事，
要由自己担当，你能排除万难，你的经验就会增加了，你能解决困
难，你的力量也增强了，这个主管的角色，必定更上一层楼。

第四，不信一面之词

人与人共事，难免意见不同，有时这个部属跟你说是非，有时
那个部属跟你道长短；做主管的人，要谨慎小心的是避免听信一面
之词。假如你只相信一面之词，后果不堪设想。因此，你要兼听，
所谓"兼听则明，偏听则暗"，能两面皆听，才不会失去客观、公允。

宗教家慈悲的形象，令人温暖；修道者精进的形象，令人赞佩。
要做好一名杰出的主管，获得部属的认同支持，这四点"主管的形
象"，值得我们参考学习。

领导人的层次

领导是一门学问，一项艺术，也是一种功德，领导者要能为大众谋求福利，要为大众减轻负担，要为大众计划未来，要为大众担当责任。领导的哲学，有上等、中等，也有劣等，这就要看领导者的能力如何。领导得法的人，他的属下如沐春风，团结合作，不如法者则反之，有的离心离德，有的故意捣蛋，乃至求他而去。"领导人的层次"有哪些呢？

第一，下等领导，要尽己之能

下等的领导人，他只顾表现自己的长处，发挥自己的能力，把所有的事情，都给他一个人做了。这样的领导者，确实了不起，也很能干，但是他只是一直表现自己，忽略了团队合作的意义，不算高明，只能算是一个下等的领导人。

第二，中等领导，要尽人之力

有一句话说："人尽其才，物尽其用。"如果一个领导人，他的心量如海，不拣粗细，可以"尽人之力"，也就是说，部属有什么力量，都让他发挥出来，这是中等的领导人。

第三，上等领导，要尽他之智

一位上等的领导人，他不但会让每个人的力量都用出来，还要把各人的智慧、才智都发展出来。他让每一个人贡献他的智慧，所谓"百家争鸣""百花齐放"，让这个团队，发挥得多姿多彩，这就是一位上等的领导人。

第四，高等领导，要尽众之有

更高一层次的领导人，他能够"尽众之有"，让所有跟随他的大众，没有一个人不奉献他的能力，没有一个人不把他的智慧贡献出来，甚至没有一个人不把他的心，统统都奉献出来，如佛门有所谓"色身归于常住，性命付予龙天"，大家"群策群力""群心交心"，彼此都肯"交心"，做起事来就会着力。"尽众之有"，这就是最高的领导人了。

《荀子》云："口能言之，身能行之，国宝也。口不能言，身能行之，国器也。口能言之，身不能行，国用也。口言善，身行恶，国妖也。治国者，敬其宝，爱其器，任其用，除其妖。"

我们自己要做哪一种的层次领导人呢？这四等领导人，可以作选择。

善为领导人

很多人都希望要做一个领导人，而不希望被人领导。其实，领导人固然要有能力，能被人领导，也是不容易。而作为一名领导者，也有其领导者的性格，才能尽领导之功，成大众之事。怎样才是一位好的领导人？有四点：

第一，待人要和平有礼

做一位领导人，对待你的部下，乃至与所有相关人等往来，最要紧的，要能亲切和蔼，要给他感到你很平易近人。诸葛亮说："将不可骄，骄则失礼，失礼则人离，人离则众叛。"愈是最高的领导者，你的态度愈平和有礼，部下也会升起恭敬心，接受你的领导。

第二，处事要精简有道

做一位领导人，要观照的层面当然很多，但是你不能过分地繁琐、过分地啰唆。繁琐令人厌，啰唆令人烦，因此，处事要能精简有道。所谓"化繁就简"，如此接受你的领导的人，才会清楚明白你的原则方针，就会愿意跟随你一起做事。

第三，论理要中道有分

一个事业团体，一定有其创办的理念、法则，身为领导人，你必定要认识，并且抓住这一个理念目标，无论做什么事情，才不会有所偏差闪失。尤其必须要有分寸，不可以偏左、偏右，持之以正，懂得分寸，中道行事，才不会偏失大方向。

第四，领众要融和有义

人心最大的陋习是"同归于尽、嫉妒褊狭"，因此，统理大众，必须要有融和的雅量，只有融和，才能宽大和众；只有融和，才能彼此交流。不但融和，更要有义，"与人交，要有情有义；为人谋，要有忠有信"。你对人有义，不必领导，他也会愿意接受、跟随你。

所谓"善将者，不恃强，不怙势，宠之而不喜，辱之而不惧"。你有宽宏的胸怀、平等的精神，不仗势，不凌人，不清高，不霸道，对于跟随我们的人，多提拔，多赞美，有过，予以承担，有功，给予分享，自然获得部属的拥护。

领导人津梁

人总希望做一个领导人，做一个人上人。人是群体的、相互关联的，做事能得到整体的认同，不能只发展个人。在群我精神上，如果理念不同的话，如何成事？因此，作为一个领导人，有以下六点意见：

第一，求革新不可以太快

有很多领导人，一上任就革故鼎新，但有时候你太快了，欲速则不达。不要忙着要改，别人会不习惯，有些人性格比较保守，对你的革新，他不肯认同，就会阻碍、麻烦了。所以，改革要在不知不觉中进行，如美国总统当选后都说："我的国家，过去对其他国家订的条约，一切继续履行。"意思也是先求安定再求改革。

第二，厌恶人不可以太明

你现在做了领导，当然有一些不好的人，你讨厌他，不欢迎他。不能用自己的情绪，引起他的对抗，要注重人与人之间的和谐，"天时不如地利，地利不如人和"，才是领导之道。

第三，整弊端不可以太尽

做了领导人，你要大事整顿，兴利去弊，可以做，但不能太尽。

有云"水清则无鱼"，做事不能太绝，要慢慢疏导，路走得宽、走得远非常重要，尤其是人情，要留个空间，所谓"面面俱到"，才是重要。

第四，用人才不可以太急

你心目中什么是人才，你可用他，但不要太急。一下子引进私人亲信，只有坏事，自己适意的人选，可采取温和的调整方式，适当更换，减少阻力，有助于顺利行事。

第五，听发言不可以太率

让部属敢发表意见，不可以太快表达不同的意见，要很仔细听他讲说。不要有主观成见，要让他把话说尽，用鼓励的方法给予尊严，最容易得到人心。

第六，对自己不可以太宽

有时候人对自己太宽，对别人很严。其实应该严以责己，宽以待人，对自己严格才能使人悦服。"躬自厚而薄责于人"，才是最好的领导管理。

如何带动属下

一个人不但要学习领导别人，更要懂得自己如何被领导，最怕的是，不能领导别人，又不能给人领导，这就很麻烦了。要领导别人，虽然不容易，从中学到做人处事的道理，却是难能可贵的。如何当一名领导人带动属下呢？有四点意见提供：

第一，对己德不宣扬

竹高腰弯，水弯流长，对于自己的特长才情，要能谦冲自牧，不要一味地自我宣传，自我表扬，甚至自夸种种好处，评判别人种种不是。讲时可能洋洋得意，属下听了却对你的道德大打折扣。因此，不扬人之短，不说己之长，这是身为领导人的重要法门。

第二，对误会不辩解

遇到别人误会，或属下误会的时候，一个有智慧的主管，对无由来的毁谤、闲言闲语，不必介意，也不必辩解。多解释，不但得不到服从，激辩之际，语言还会伤及无辜。只要多宽恕、多忍耐，一段时间之后，自然云散风清，得到化解。

第三，对错误不埋怨

有一句话说："承认自己的错误，要立即而快速；但是批评他人，却应该慢一点。"属下经验不足，总难免有一些错误、过失，身为主管者，不要老是埋怨其不是，或与部下斤斤计较。你适时扬善于公堂，归过于暗室，掩护他一点，帮助他一点，为人属下者会铭感在内，更忠心于你。

第四，对工作不失职

印度总统甘地曾说："领导，就是以身作则来影响他人。"主管本身要着重身教，守时守分、勤于办公，部下看到你，自然见贤思齐，向你学习。对工作不失职，以身作则，才能建立共识，带动属下，朝向目标共同努力。

父母有德，子女会好；主管有德，属下会好；身为主管者，应当检讨自己，我有以身作则吗？我有善待属下吗？我有时时赞美属下吗？要成为一个好的主管，唯有不断自我检视、改进，才能带人又带心。要带动部下，以上四点可供主管作为领导方针。

与属下相处

　　一个工作团队能否表现出最好的绩效，领导者是重要的关键之一。过去的观念总认为"属下难做"，因为要获得长官的欢喜、认同并不容易。到了现代，由于个人自我意识发展，面对所谓"新人类、新思维"，有时候反而是"主管难为"。到底要如何与属下相处，才能有效地发挥团队功能呢？

第一，以关心代替干涉

　　关心属下是爱护的表现，但有些主管，因为阅历丰富，以自己的经验，过度干预属下对工作内容的进行，弄得双方不欢喜，彼此俱疲。因此，主管不如扮演顾问、协助者角色，适度地给予原则督导，以关心代替干涉，让他有自由发展的空间，发挥个人的特质优点。

第二，以服务代替要求

　　主管的角色在于统筹、决策，提供服务。有些主管能力大，脾气也大，工作超时超量，要求严苛，以致属下不胜负荷。一个团体靠少数独揽全局的主管可能成功，但也要有良好的管理团队才能永续经营。因此，要求别人不一定能够如愿，要求太高、太多，他做不到，反而影响士气，不如以服务代替要求，可能更容易发挥他的潜能。

第三，以合作代替命令

所谓"管理"，不一定是高高在上发号施令，命令太多，他也不一定欢喜接受。佛教讲"同事摄"，你不如跟他合作，与他共事，步调一致，以协调、商议来代替命令，让大家彼此沟通了解，发挥集体创作、同体共生的精神，才是最上乘的管理方式。

第四，以勉励代替责怪

身为主管，有时固然"恨铁不成钢"，但也要考虑每个人不同的根性与因缘。属下经验不足，难免会有错误、过失，与其计较抱怨责怪，何妨确实了解他的困难不足。在禅门里，盘珪禅师以慈悲爱心，感动恶习不改的惯窃；仙崖禅师以不说破的方式，感化顽劣的沙弥。为对方留一些颜面与余地，给予适当的指导与勉励，相信属下必定会心悦诚服，用心改进。

要担任一位优秀的管理者，是既辛苦又具挑战性，除了要能运筹帷幄，还要懂得心理分析、沟通协调、人际关系等。而管理的最高妙诀，在于能够先管理好自己的心，将自己的心管理得慈悲柔和、人我一如，与属下相处，必定能够获得认同。

对待部属

做一个领导人，必定有不少的部下。像现在工厂、公司、团体、企业机构等，一定有员工部属；学校的老师，也有学生，甚至家里父母，也有儿女。这许多的关系牵连中，有着上下的关系，在上位的人，如何对待部属呢？

第一，说义不宜深但要明

有时候，上面的人对属下讲话，讲得太深的道理，讲得过于高调，他听不懂，无法理解接受，那也等于没有用；因此，最要紧的是，所谓"讲清楚、说明白"，你讲说明白，他就容易执行了。

第二，下令不宜繁但要简

言语，是人与人之间的沟通桥梁，对你的属下，要下达一个命令时，固然不可以朝令夕改，但也不宜太过繁琐，事繁易生烦，你要把握原则、简明扼要，让你的属下，很容易有所遵循，就能建立起共识。

第三，教人不宜严但要慈

诸葛亮说："善将者，其刚不可折，其柔不可卷，故以弱制强、以柔制刚。纯柔纯弱，其势必削，纯刚纯强，其势必亡；不柔不刚，合道之常。"教导你的属下时，不要过于苛严；你要有慈悲心，给他方便，让他容易实践；讲话不伤他，做事不磨他，他必定欢喜纳受。但是现在有很多长官，刁难属下，讲话刻薄，这都不高明。让属下有发挥的空间，心甘情愿，彼此才易合作。

第四，待人不宜苛但要宽

一个领导对待属下，如果你很宽厚，属下必定对你服从，并且拥戴你。如果你太过苛刻，常常为难他，找他麻烦，增加他的困扰，增加他的工作分量，延长他的工作时间，太多的要求，他不一定服气你，甚至在其他方面，他就给你怠工、开小差，这反而划不来。若不体恤属下，人心难以归向，迟早会失败。

因此，做一个领导人，乃至为人父母，如何对待属下、子女、晚辈，这也是一门统御学。如何对待部属？以上四点意见贡献参考。

行事的进阶

　　爬山，要一阶一阶向上，才会登顶；读书，也要一级一级积累，才能进步；做事，也有各人的层次、巧妙不同。有学问的人，有学问的层次；有道德的人，有道德的层次，甚至，在行事、在年龄上，也有很多深浅不同的层次。以下就年龄讲述行事的四个层次。

　　第一，少年时，用意志来行事

　　少年的时候，意气飞扬，活力十足，如同有一句话说："只要我欢喜，有什么不可以。"鲜少经过周密的考虑做事。假如你能依着自己的意志，"我喜欢、我要"来行事，完成自己的梦想，并没有错；但是，这句话不对，而且非常危险。你欢喜的事，它却不道德、不合理，对别人有害，就是不能做。因此，少年用意志行事，最好能有善知识的提携与指导。

　　第二，青年时，用智能来行事

　　青年的时候，他的知识慢慢成熟，会懂得用理念、想法、智慧、能力来行事。这个时候，他不会完全冲动，而有一股勇气与热忱，他少了一分稚气，增加了一分理智，一步一步实践理想，达成目标。

第三,中年时,用判断来行事

到了中年、壮年的时候,他做事也不莽撞了,也不感情用事了,凡事都经过一番考虑、经过一番抉择、经过一番审察。他逐渐累积知识,经过人事历练,懂得用判断作为行事的标准,成为人生行事的黄金时期。

第四,老年时,用圆融来行事

到了老年的时候,他的人生经验丰富、社会阅历无数,生命已臻成熟圆融。因此,无论做什么事,他都会思前顾后、左右考虑,他不愿意伤害任何一方,也不会只听信一面之辞,他以圆融行事,周顾十方。

做事人人都会做,却有这许多层次的不同。我们希望少年人做事,凭着意气、勇气,但是加一点中年的判断、老年的圆融。老年人的行事,除了圆融以外,也能保持年轻的活力,带有青年的智能,加上中年的判断,那就更能圆满了。

成就事业的条件

选美，先有起码条件才能入选；参赛，要有基本资格才能入围；成就事业是每一个人的理想、愿望，要想能成就，也必须要有成就事业的条件，以下提供四点意见参考：

第一，去伪存诚，信用如一

做事业，要有合伙人；做买卖，也要有主顾；无论是合伙人、主顾，他最重视我们的，就是我们的信用、诚实、不虚伪。一个人能把伪装、虚假去除了，诚诚恳恳，始终如一，尤其诚信能一以贯之，就不怕信用扫地，这就是最好的招牌。

第二，言语行为，内外不二

有的人，说的是一回事，做的又是另一回事；有的人，外表是一回事，心内想的又是另外一回事，言语行为不一致。《左传》有谓："华而不实，怨之所聚也。"内外不相应，就不能获得人家的信赖付托，唯有言语行为，内外不二，才能成就事业。

第三，矢勤矢勇，贯彻始终

文章先从一字一句写起，才能完成；耕种也要从一铲一锄开始，才能丰收。想要创造事业，肯定是"万事开头难"，你必须要有勇气、勤劳，勇往向前，精进不懈怠，才能成就。能有克服困难的精神，经得起挫折的意志，想办的事业、目标，能贯彻始终，何愁成功不来招手敲门？

第四，实事求是，脚踏实地

我们想要成就一番事业，最怕的是心太高而超过现实，或是心中虚妄不求实际，自我夸大、自我膨胀，这样是很危险的。最要紧的是，你能有多少本钱，就投资多少事业；能有多少的能力，就从事多少事情；实事求是、脚踏实地的人，必定比较容易成就事业、创造事业。

所谓"法不孤起，仗境方生"，世间上的事事物物，既非凭空而有，也不能单独存在，必须依靠种种因缘条件和合才能成立，所以，成就事业也要有条件，以上四点可以参考。

工作秘笈

生活在这世间，辛辛苦苦学习做人、做事，就是希望成功立业。如何才能成功立业呢？有四点秘笈说明如下：

第一，以不屈不挠为亲友

所谓"懦夫祈求平安无事，勇者解决危难困穷"。古今中外，圣贤达者无不是在违逆受挫时，愈发显现他坚毅卓越的精神；所以不屈不挠，作为勉励自我的亲朋好友，以此为奋发的力量，成就一番事业。

第二，以经验常识为顾问

一个团体，需要以智囊团为顾问；一支军队，也要有参谋为顾问，我们也应以经验常识作为顾问，吸取教训，获得智慧。春秋时代，管仲与隰朋跟随齐桓公至北方讨伐孤竹国，回国时军队迷了路，管仲说："老马能识途。"齐桓公让老马走在前头，果然找到回齐国的路。走到一半遇到缺水，隰朋说："蚂蚁穴下，必能挖出水来。"齐桓公依此而行，果然挖出水源。这就是懂得以经验常识作为顾问，因此才能解决困难。

第三，以谨慎规范为兄长

一位好的兄长会教导我们后学，成熟我们的发展。兄长并非单指血缘手足，一句名言、一件善行，可以作为我们的兄长，谨慎的态度，规范的生活，也是我们的兄长。诸葛亮一生得到刘备的信任，也是他懂得谨慎规范自己，因此，我们应以谨慎规范为兄长、为至戒。

第四，以信心有恒为守护

一个公司所以需要警卫，为的是维护公司的安全；一个人所以需要宗教信仰，为的是寻求心灵的庇护。人生在世，用什么作警卫守护呢？信心、恒心。有了信心，内心的财富、宝藏，就不容易丧失；有了恒心，就能开发潜能，就有前途和未来。所以，信心、恒心就是我们自己的守护神，有了信心恒心，就拥有取之不尽、用之不竭的能源。

赏罚分明

国有国法，家有家规。无论是国法或家规，重要的是必须赏罚分明。一个军队赏罚分明，可以提升军中的士气；一个公司赏罚分明，可以提升公司的业绩；僧团赏罚分明，可以巩固大众对常住的向心力。如果赏罚不明，大众必定不服气，所以"功、过"一定要给予适当的奖赏处分，赏罚一分明，制度就容易建立。关于赏罚分明有四点：

第一，有过必有罚

一个团体必须讲究纪律，不能因这个人平时对我好或者是亲朋好友，有过就不惩罚，如此很容易引起别人的反弹。西蜀诸葛亮北伐时，因马谡不听他的调动，擅自做主，因此败北丢失街亭。虽然马谡才气过人，得到诸葛亮的器重，但为了严肃军纪，诸葛亮还是忍痛挥泪斩马谡，并上表请求自贬三等，承担失败之责，从此蜀军上下，再也不敢违命。所以有过必罚，不能优柔寡断，感情用事，这样上下才能团结一致。

第二，有功必有赏

部属有功劳而不奖赏，他会不服气，以后就不肯立功，甚至造成上下离心离德，难以领导。《说苑》言："有功者不赏，有罪者不罚；多党者进，少党者退；是以群臣比周而蔽贤，百吏群党而多奸；忠臣以诽死于无罪，邪臣以誉赏于无功。其国见于危亡。"所以有功必赏，可以激励工作态度，也能融洽上下关系。

第三，有种必有收

想要怎么收获就要怎么栽，一个做主管的，说一句好话，可以让部属"鞠躬尽瘁，死而后已"；老师一句鼓励的话，可以造就一个好学生。一个人只要自己肯努力，一定会有成功的一天，如中国大陆羽毛球选手熊国宝，虽然最初不被视为能为国争光的人选，但是在自己不断努力下，终于赢得世界冠军。所以世界上每做一件事都是在播种，只要播下善种子，不怕没有好的收成。

第四，有业必有报

佛教讲"因果业报"，即种如是因，得如是果，无论是达官贵人或贩夫走卒，都离不开"善有善报，恶有恶报"的业报定律。这个"业"就是我们身、口、意的行为，我们每说一句话、每做一件事，必定有其因果报应。尽管世间法会受到个人主观、情感等因素的影响，很难有绝对的公平，但是在因果业报之前人人平等，所以，我们必须对自己的言行负责。

《论语》说："举直错诸枉，则民服；举枉错诸直，则民不服。"赏罚分明，可以培养是非因果的观念，可以提高工作效率，更能让政治清廉、人民安乐。

善为属下

大地能生长五谷、喷甘泉，默默承载万物的繁衍；为人属下者，与主管相处，也莫过于"居下犹土"，具有成就主管的心胸，凡事多承担、多受委屈，必能为主管倾心相授，获得青睐和肯定。如何成为一等的属下，共归纳出四点意见：

第一，性格坦率，堪受重任

性格不隐藏、不做作，处事直率、坦诚，方为主管所任用，也是工作应有的态度；反之，对事物轻忽懈怠，隐瞒疏远，抑或是行为扭曲，又担心批评，做事必然畏首畏尾，想要事业有成，实在难矣。一个为人部属者若能不分工作大小，均能全力以赴，抱持"责无旁贷"的精神，让主管有"你做事，我放心"的态度，便是堪受重任之才。

第二，简明扼要，热心服务

安排工作有条不紊，说话报告简明扼要，直截了当，避免啰唆，条理分明，热心服务，都是主管心目中的好部属。另外，凡事不推托，对主管交代的事情，尽心完成；同侪需要帮忙的，热心协助。必能赢得主管的欣赏，也能获得同侪的认同。

第三，积极坚定，固守原则

一个人的态度积极坚定不移，便会有一股进取的力量。刘备三顾茅庐，因为积极坚定，赢得诸葛亮"鞠躬尽瘁，死而后已"的全心付出；此外，处事公私分明，力守原则，不为利益所动摇，于"富贵不能淫，威武不能屈"之下，定能成就一番事业。

第四，自信自强，通情达理

一切事业的成功皆因自信孕育而出。自信是敢于挑战，自强是永不服输。自信是源泉，自强犹如波涛，奔腾不息，做人处事唯有自信自强的奋斗精神，才有成功的希望。自信自强，通情达理，才能圆满人生。

在《长阿含·善生经》里记载，为人属下应以五件事对待主管：一、勤奋早起；二、计划详细周密；三、不私取主管之物；四、处事条理分明；五、经常称赞主管的善德美名，都可让属下奉为圭臬。

敬业是一种对自我负责的态度，部属能尽职尽责，就是分担主管的压力，为主管做了最好的事情。

对待下属

我们每一个人，在家庭里，上有长辈，下有晚辈；在社会上，上有长官，下有部属，无论是长辈或是属下，都要讲究一个对待的礼法。如何对待下属？有四点意见，提供大家参考：

第一，宽恕过失，自我担当

主管对待属下要宽容，要原谅他的过失，要代他担当一些，不能把所有的过失都归咎于他，将好处、利益、光荣都由自己承受。一般人对自己的作为都有自知之明，在过失之处总有愧疚之意，一旦得到主管意料之外的原谅，定会引发感激之情，为之感恩图报。楚庄王"绝缨会"赢得属下唐狡舍命相报，即是很好的例子。

第二，责人之失，要能体谅

有时候部下一而再，再而三地犯错，做主管的要责备他，必须抱持着谅解的心，不能毫无一点宽容安慰的体谅。若是太过责备其过失，他表面上不敢反抗，内心却很不服气。因此，责备的前提必须让他了解，你的责备是为他好，是站在他的立场，帮他修正、改善他的过失。最好以鼓励代替责备，方能赢得他对你的尊敬。

第三，体恤所需，给予厚待

身为主管者，你能了解属下的能力吗？属下的生活好吗？金钱够用吗？你要能协助他，凡是他所需要的要给予支持、给予宽厚，这个属下必定会为你尽忠效命。人不是一开始就拥有肩挑百斤的力量，而且各人所长不同，如果凡事太过要求完美，只是徒然自恼恼他而已。因此，身为主管者，可以从简单的工作开始交付，一方面增加属下的信心，一方面观察他的能力，才能任其所适！

第四，严整纪律，切实要求

遵守纪律是维系团体正常发展的不二法门，因此，身为主管者，对属下必要求切实遵守，若违反规范，不应徇私，重过轻罚，或是代他受过，而要一视同仁地对待所有的部属。执法不是滥施压力和保卫自己的地位，实行纪律的目的在于教育，而不是惩处，也是确保团体的运作有章可循。

对待属下最要紧的是凡事不要要求太多，没有任何事情可单凭己力，独自完成，总是需要借助他人的帮忙；部属则是主管运作的直接力量，当你了解并满足了属下的需要之后，你会发现，做起事来一点都不费力。

处事之弊

做人圆融与否，从做事就可以看出梗概。做事虽然要懂得善巧方便，但也要有不变的原则，也就是要圆融，但不能圆滑。例如有的人服侍主管，只知一味地奉承，投其所好，完全不分是非善恶，不顾后果如何，这是做人处事应戒之弊病。有关"处事之弊"，有四点说明：

第一，投其所好是欺人之举

做人要对上不欺天，对下不欺人，对内不欺心，对外不欺世。所谓欺人，不一定指行为上以暴力侵犯别人，或是在言语上蒙蔽事实。有的人与人相处，完全不管对方所做是对是错，是好是坏，而只针对他的喜欢与否，一味地投其所好，以期获得他的另眼相看。如此行为就是自欺欺人，不仅有损自己的人格，对他人也会造成伤害。

第二，一味奉承是欺人之态

有的人善于奉承、拍马屁，尤其对于心中想要讨好的对象，一再地称赞他这个好、那个好，甚至连做坏事都好。这种人不论是非，只知一味奉承，就是欺人之态，明眼人一看便知道。此等小人

"

作风，有损自己的人格，所以往往未蒙其利，已先受其害。

第三，伪诈蒙骗是欺人之事

"觉人之伪，不形于色；觉人之诈，妙在不言。"有的人交朋友，别有企图，存心想讹诈获利，于是想尽种种办法，虚伪蒙骗、巧取豪夺。此等欺人之事，也许朋友给你蒙骗一时，但能蒙骗多久？再说，如果这个也欺，那个也骗，人都被你欺骗了，究竟有多少朋友可以欺骗呢？所以，虚伪于人于己，有害无益。

第四，花言巧语是欺人之妄

俗语说："山珍海味少不了盐，花言巧语当不了钱。"说话不实，尽管口才再好，讲的再好听，终究是骗人的妄语。所以有的人专门耍嘴皮子，花言巧语，说得天花乱坠；或许对方不明就里，被你的善巧言词迷惑一时，但是"巧言不如直道"。再说，"目不能自见，鼻不能自嗅，舌不能自舐，手不能自握，唯耳能自闻其声"，所以为人应"慎言语以养其德"。

做人要树立自己的形象。形象的树立，就是从平时待人处事给人的观感积累而来。平时种什么因，日后必然收成什么果，所以，欲得好的形象，就应该慎于行事。

眼明心细

人的五官，眼见、耳闻、鼻嗅、舌尝、身行，各司其职。但是五官的功能，要靠心的分别意识，才有好坏、香臭、美丑等作用，所以心是人的主宰。平常讲"眼明心细"，就是指一个人很灵巧，很敏捷。除了"眼要明""心要细"之外，做人做事"口要谨""气要平"，这也是不可少的涵养。有四点说明：

第一，眼要明，明不失误

眼睛是灵魂之窗，一个人如果少了一双明亮的眼睛，不但看不到缤纷多彩的世界，日常生活中也会造成诸多不便，眼睛于人的重要不言而喻。但眼睛有时也会替人生带来许多麻烦，例如不当看而看，就会看出烦恼、看出是非来。尤其一般人总说"眼见为凭"，眼睛所见一定是真的吗？眼睛有时也会有看错的时候，所以孔子曾感叹眼睛不可信，说明眼睛不能只看表相，要看得到内涵，能够观察入微，才是真正的眼明，才不会失误。

第二，口要谨，谨不惹祸

有人说，人的五官当中，眼睛、耳朵、鼻孔都是成双，唯有嘴巴只有一个，意思就是要我们多看、看听，少讲话。所谓"病从口入，祸从口出""言多必失"，平时说话要谨慎，不但侵犯别人人格、妨害别人名誉的话不说，甚至有时无关紧要的闲言杂语也会说出是非来，所以口要谨，口谨则不惹祸。

第三，心要细，细不妄为

一个人要成功立业，先要训练自己胆大心细。胆量大，才不会畏首畏尾，做事才有魄力；心要细，心细才能瞻前顾后，才能慎思熟虑，谋而后动。有的人粗心大意，凡事未经细看、细想就断然去做，结果可想而知。所以做事胆要大、心要细，细心判断，才不致冲动妄为，才不会做错事。

第四，气要平，平不执拗

"佛争一炷香，人争一口气"，有的人容易意气用事，一件事明知不可为，但为了一时的意气之争，仍执拗地去做，结果事后才后悔不已。所以做人要心平气和，气一平就不会执着，心平气和才能找出解决问题的方法。所谓"气和心境好，心平无烦恼"，心平气和是自我保健与和谐人际的重要法门。

一个人要想有进步，先要心平气和以处事，虚心卑下而做人，平时要谨言慎行，要眼明心细，能重反省、勇改过，然后学德方有进步。

建功立业

梁启超先生说:"今日之我不惜与昨天之我宣战。"世界上的人都希望自己能不断进步成长,希望自己能建功立业,怎样才能建功呢?怎样才能立业呢?建功立业的方法,提供以下四点参考:

第一,要立定志向坚定目标

曾国藩曾说:"士人第一要有志,第二要有识,第三要有恒。"其中"立志"即为首要。读书如此,世间事业也是一样。立志是人生奋斗的第一步,"志不立,如无舵之舟,无衔之马",毫无目标,如何有成就?立志如同火车头,带领列车驶向正确的目标;立志也像指南针,在茫茫大海中不致迷失方向。科学家立志研究发明,为人类留下贡献;企业家立志经营,才有获利所得。要想成功立业,第一要立定志向,坚定目标。

第二,要充实学问修养品德

非学无以广才,具德为人所敬。想要建功立业并不能单凭口号而不付诸实践,必须靠自己充实学问,具备丰富常识及良好品德修养。你看,孔子好学不倦,品德高尚,历代尊为"万世师表";曹操雄才能文,却因多权诈,而被人讥为"一代奸雄"。空中楼阁无以久立，一步登天难稳基础；事业的成就不但要靠福德因缘，还要靠学养品德，一步一脚印，才是迈向成功的途径。

第三，要胸怀宽大气度恢宏

你的事业做多大，就看你的心量有多大。诸葛亮七擒七纵孟获，以宽大的气度赢得信服，也获得西南边境的安定；周瑜机智过人，却为人气量狭小，处处设用计谋，屡屡被识破，最后只留下"既生瑜，何生亮"的慨叹。人最怕心胸狭隘，一旦气狭，容易自取烦恼，成就当然有限。要成就伟大的事业，就要培养有宽大的胸怀、恢宏的气度。

第四，要锻炼体格健全身心

建功立业不是来自萎靡不振、懒惰睡觉、闲话是非，追求耳目娱乐。没有强健的体魄，哪有奋斗的力量？没有健全的心理，哪有奋发的精神？台湾王永庆自创"毛巾操"，与他的企业一同驰名业界；香港企业家李嘉诚透露健康之道是有规律的生活，包括每日不间断地运动、打球、游泳、跑步等。锻炼体格，健全身心，加上种种努力、种种勤劳，可以说是成功立业的重要条件。

把握住以上四点，付诸实践，那么建功立业必非难事。反之，缺少志向目标、学养品德、气度胸襟、健全身心这许多因缘条件，想要成功立业，实在难矣哉。

领众的秘诀

汉高祖刘邦曾问韩信："我可以领多少军队？"韩信说："陛下可以领兵十万。""我只能领十万兵，那么韩信大将军你能领多少兵啊？"韩信回答："多多益善！"汉高祖听了很不是滋味，韩信补充说："陛下能领将，而韩信却只能领兵。"由此可知，有的人能领将，有的人会领兵。

在社会上工作，都有机会成为一位领导者。会领众者，则带动大家努力向前；但也有的人领众虽少，却常常不安不和。领众确实是一门很大的学问，也是需要有秘诀。其学问如何？有四点：

第一，轻财足以聚人

金钱不过是财富的象征，改善生存的一种方法，常言道："钱乃身外之物"，过分执着，不知如何使用，也是一种可惜。尤其领众者，太过重视钱财，利益不舍得与大众共享，没有人肯跟随你，如何聚人。相反的，疏财仗义之人，舍弃个人的利益，将利益与大众共享，如此才得人心，众人必将对你忠心耿耿，敬重你，才足以聚集人众。

第二，律己足以服人

作为一位领导者，不能以其昏昏而使人昭昭。检点自己的行为，以使众人心悦诚服地拥护，并服从自己。应以严厉对待、要求自己，对自己规划得严格一点，要求自己言行正当，要求自己守法。如果无法约束自己，又怎能要他人去接受约束呢？如果能够严以律己，就能够使大众心中对你生起敬意，让大众对你服从了。

第三，量宽足以得人

俗语说："宰相肚里能撑船"，肚里能不能撑船，衡量你是否具有资格领众。肚量宽大，能容人才能得人，才有众跟随你。所谓"大海能纳百川，故能成其大；高山不辞细壤，故能成其高"。大海无所不纳，才有宽广的容量接纳百川，高山能够如此雄伟，是因其不择细壤。佛教里"心包太虚""一念三千"的主张，说明了量宽、包容的真义。因此，要想得到人才为自己所用，首先就必须要有容人的雅量。

第四，身先足以率人

无论什么事情都能以身作则，所谓"身先士卒"，你就可以统率人众。如果是遇到苦难的事情都叫别人去，遇到利益就自己来，是没有人会跟随你的。老子说："后其身而身先，外其身而身存。"这就说明，事事都能够带头率先，自然能够率领部下。

古人说："其身正，不令而行，其身不正，虽令不行。"领众必须以身作则，严以律己、宽以待人，如此才能使大众信服、敬仰。

工作的智慧

每个人一天只有 24 个小时，为什么有的人可以一天当两天用，有的人却一天只能做半天的事，甚至一事无成。到底如何工作才能有效率呢？"工作的智慧"有六点：

第一，任务必须明了

做任何事情都要有使命感，没有使命感就无法掌握未来。不管是读书也好，做事业也好，都需要有明确的主旨和方向，才能集中心力，朝目标努力，也才能不为外在环境、人事阻挠。了解大局，才能妥善布局，如同下棋，想要得胜，不能只是一味地保住眼前的一粒棋，视野要放大，要看到全局，才能运筹帷幄。

第二，资讯必须精确

知识爆炸时代，信息日新月异，变化之快实在是时刻不停，因此掌握正确的资讯更是格外重要。资讯不精确，就像路标指示不明，需要花很多时间再去摸索，效率缩减。所以资讯要精确，才能提供最可靠的消息；资讯要精确，才能作出最合理的对策；资讯要精确，才能在短时间内，达成目标。

第三,说明必须扼要

文章要让人看得懂,要简明扼要;报告要让人听得懂,也要简明扼要。简明扼要有时胜过千言万语,有的人说话不扼要,讲了很久,要表达的重点却只有一句,不免浪费时间和精力。古人说:"知其要者,一言而终;不知其要者,流散无穷。"所以,说明要扼要,切中要点。

第四,分析必须透彻

举凡案情的分析、选情的分析、化学的分析、产品的分析、个性的分析,甚至为了让事情有个水落石出,都必须作透彻分析。在工作上,要对工作方法作分析,才能促使工作有进度、有新意、有效率,也才能提出有效的因应对策。懂得分析的人,才能向困难挑战,以理性处理挫折,不毛躁、不情绪化。

第五,比较必须深入

同样的事情,为什么别人可以在短时间内完成,而且做得有声有色,而我却是挂一漏万,又迟迟不能告成呢?比较看看,是我不够尽心尽力,还是使用的方法有待加强?良性的比较,对工作效率的提升有确实的必要,从深入比较中,得出效力不张的问题点,进一步再作规划及改善。

第六,建议必须具体

活动结束,主办单位希望与会大众填写意见调查表;出版公司在书籍中附回函卡,恳请读者填写意见。一个活动、一个团体要进步,需要很多人共同集思广益,提供意见。建议必须具体,不含糊笼统,才能有效解决问题,就像病症非只有一种,要先知道病因,才能对症下药。

大丈夫行事

在世界上，做人处世，各人有各人的重点。有的人重利，有的人重义；有的人重未来，有的人重眼前；有的人重视个人的利益，有的人强调大众的成就。从个人所重视不同，可以看出见解有别，行事的差异。所谓大丈夫，也不一定专指男士，只要他的行事朝向正见与光明，就是大丈夫。大丈夫的行事原则有哪些呢？

第一，论是非，不论利害

一个有为的人，行事必定讲究是非与否、合不合理、该不该，而不是利害关系。是对的，即使对自己有害，他也不会顾忌；是不对的，对自己有利，也不为之。东汉乐羊子在马路上捡到一块别人遗失的黄金，拿回去交给妻子。不料他的妻子却说："妾闻志士不饮盗泉之水，廉者不受嗟来之食。何况是在路上捡拾别人的黄金？"乐羊子闻言惭愧，于是将黄金交给公家。这就是讲究是非，不论利害。

第二，论顺逆，不论成败

大丈夫行事，不会计较眼前的成败。顺境、有意义的事，当然要做；即使面对不顺的逆境，还是要勇往直前。只要努力去做，成败就由诸多因缘成就了。

第三，论万世，不论一时

君子行事前总会思考，这一件事情做下来，对历史有交代吗？对大众有交代吗？对未来有交代吗？大丈夫所计较的是千秋万世，而不是争一时的成败。你看，文天祥、史可法皆为败军之将，却名垂万世；夏桀与商纣，皆人王也，却遗臭万年。所谓"知人之为善，不可论现行，而应论流弊；不论其一时，而应论久远；不论一身，而应论天下。现行虽善，其流足以害人，则似善而实非也。现行虽不善，而其流足以济人，则非善而实是也"。因此大丈夫行事，以写历史的心，写下经得起万世的评鉴。

第四，论真理，不论人情

有为的人，行事讲究合理合法，不计较人情。意即所谓"依法不依人"。因为，法理是公众的，是无私的；而人情是自私的，是偏袒的，只有法理，才是公平。

《孟子》说："舜何人也，予何人也，有为者亦若是。"每个人都可以成为大丈夫，这四点大丈夫的行事方针，可以作为我们的参考。

大人风范

何谓大人？《佛遗教经》中说："忍之为德，持戒、苦行所不能及。能行忍者，乃可名为有力大人。"《慈悲道场忏法》说："若能于善无有碍者，可谓合道有力大人。"禅师说："触境遇缘，不变不动，方名有力大人。"如此看来，所谓的大人，并非单指有地位、有名望的人，而是指有修养气度不凡者，如书香之家，有书香之家的风范；君子之德，有君子之德的风仪。如何才算泱泱气度的大人风范？下面有四点意见：

第一，清廉者有容人的雅量

拥有清廉、正直的美德，奉公守法，不贪污舞弊者，当然称得上是正人君子，更重要的是，要有容人的雅量，才称得上是大人。世间人既有贵贱贤愚之分，智力气质也有高低清浊之别。因此，清廉者不一定要用自己的标准要求别人，应包容宽宥别人的不足，"同流而不合污"，有包容的雅量，才能感化他人。

第二，宽大者有果断的决心

蔺相如退车避席以让廉颇，感动廉颇负荆请罪；诸葛亮七擒七纵孟获，赢得孟获真心来归。上述两则是历史上以宽大的心胸折伏他人的典故。宽大并非没有原则，没有原则的宽大只是姑息，而非真正的宽大。蔺相如在秦王的淫威之下，仍能完璧归赵；诸葛亮巧谋策划，以老弱妇孺阻止司马懿二十万大军的"空城计"，可以得知他们处人心胸宽大，处事却果断勇猛。因此，宽大者更难得的是具明智果断的特质。

第三，聪明者不必苛求严察

对待一个小人，如果太严苛，他反而更要为非作歹；假若虽知他的缺点，却留给余地，他会感受到你的善意而回头转身。真正聪明人，不苛求他人的品德，不严察他人的过失，即俗语所说"不痴不聋，不作家翁"。因此，大事不糊涂，小事不计较的聪明人，才是具备大人风范。

第四，正直者不陷矫枉过正

正直是很好的品德，可是千万不能太过执着。每个人对于品德的要求不一，若以自己的标准苛求别人，不仅他人不欢喜，也会为自己带来痛苦。因此，能持不偏不倚的中道精神，也是大人应有的风范。

在现实的社会上，有财富地位者，当然是大人物；但是，升斗小民也可以是人格上的大人物，只要具备四项风范，都是值得尊敬的大人。

工作的态度

在这世界上，很少人可以完全不工作，大部分的人，每天至少三分之一的时间在工作，也有很多人甚至视工作为生命。对守成的人来说，工作只是生计；对有抱负的人，视工作为学习；对有企图心、懂得规划者而言，工作则是理想的实现。同样是工作，什么样的态度，才能帮助我们得到更多的成长？以下四点供大家参考：

第一，建设诚实伦理的态度

一个人在社会上要能立足，最先要学习的，就是"伦理"观念。有家庭伦理，就能父慈子孝，兄友弟恭；有工作伦理，就能服从守纪、敬业乐群，这是事业成功的主因。另外，诚实的做事态度也很重要，无论长官是否在眼前，不管人前人后，恪尽职守，不开小差，才是正确的工作态度。

第二，发挥服务处事的担当

"全垒打王"王贞治刚从台湾到日本参加宇野球团，有一天，球团代表对他说："如果以球场上的表现和对团体的贡献，你应该减薪。不过，我们决定增加你的薪水。"王贞治很讶异，球团代表接着说："因为你非常珍惜我们的球。"原来，王贞治当时负责管球，经常把打破的球捡回宿舍，每晚花一两个钟头缝补。原意只想做好分内之事的王贞治，想不到他的主动服务和担当，赢得球团的肯定。可见，做事有热诚和担当的人，也能在小事中，创造非凡的工作价值。

第三，培养学习求教的谦虚

"尺有所短，寸有所长"，尽善尽美很难，总有不足之处。因此，要永远保持学习的精神，不断追求向前，才能日有所进。在学习过程中，以真诚的心意、谦虚的态度求教，相信教导者也会受感动而倾囊相授。

第四，促进人事和谐的欢喜

我们都觉得处事容易处人难，其实，人际关系融洽，事情会更容易处理。因此，不可忽略广结善缘的重要。俗话说："伸手不打笑脸人"，我们和气待人，对方必也会以礼相待。除了外在的人事和谐，还得注意内在的欢喜。随时保有欢喜心，不仅有益自己的身心健康，也是对别人的慈悲。

我们既然花费了极大的心力、时间在工作上，除了有形、有限的报酬之外，还可以从工作中，学习到更多的智慧。

卷二 | 预备未来

凡事都要有预备，
预备就是沉潜、考虑，
做最周详的计划。

充电

　　飞机要航行、汽车要上路，必须先加油；手电筒、手机要使用，要不断充电。人生也要充电，肚子饿了要吃饭，太疲倦了要睡觉，都说是："我要加油、充电一下。"除了身体上的养分要补充外，更重要的是精神上的加油、充电。有了能量、有了内涵，才能发挥生命的力量。该怎么充电呢？

　　第一，学习再学习

　　学生学习，为了取得学历，增加学力；上班族学习，为了增进专业，向上提升；企业家学习，为了经济潮流，突破现状；政治家学习，为了福利百姓，增益社会；修行人学习，更是为了自我更新、提升道业。过去，像庄子那样的大哲学家都要慨叹："吾生也有涯，而知也无涯"；而赵州禅师 80 岁了，还要行脚参学，我们怎么能够不学习呢？学习，让生命不断成长；学习，让视野不断扩大。不论是谁，都要珍惜有限的生命，以学习来开启更多的智能。

　　第二，反省再反省

　　一个人想要受到他人尊重，在社会上立足，在人生中踏实，就要不断地自我反省，讲求道德，讲求人格。像曾子所说"吾日三省吾身"，明朝的袁了凡以"功过格"记录自己的对错得失，或是每天睡前 10 分钟自我反省：今天所做的对吗？所说的有理吗？增长了多少？从不断的省察当中，日日修正过失，久而久之，必定会增加道德能量。

第三，发心再发心

发心是世间最美的事，发心可以庄严自己，增长福慧；发心可以开发力量，广结善缘。你发心做事，发心服务，发心把人做好，发心口说好话，心存好心，身做好事，愈是发心，所学到的愈多，拥有愈多的力量。你发菩提心，发奉献喜舍心，开发自我的心田，必定自利利他，自他增上。

第四，慈悲再慈悲

慈是给人快乐，悲是拔人痛苦。身为人类的我们，尽管没有钱、没有地位、没有势力，但是不能没有慈悲。慈悲不是用来要求别人，慈悲是自我要牺牲奉献。当你面对各种苦难的众生，不吝于伸出双手，给人安慰、给人信心、给人因缘、给人力量，帮助别人重新站起来，那就是慈悲。在帮助别人的同时，你也不断地精进、不断地增长。

飞机、汽车加了油，就可以上路；手电筒充了电，就能够照明；电池蓄电后，又可以作各种运用；一个人充了电，就能够时时发心，散发生命的光和热。

预备未来

人生没有理想，生活会过得涣散；做事没有目标，手脚会显得忙乱；说话不经思考，出口常莽撞伤人。因此，凡事都要有预备，预备就是沉潜、考虑，做最周详的计划。"预备未来"有四点意见：

第一，做好身体的修行

俗话说："健康就是财富"，人一旦生病，做起事来往往力不从心，因此，拥有健康的身体，人生才有幸福。但是，健康不是凭空而得的，《因果十来偈》说："长寿者慈悲中来，短命者杀生中来。"除了生活作息正常、适当运动、保持心情愉快之外，不侵犯其他生命，经常做好事，能为未来的身体铺好健康的大道。

第二，做好口舌的修行

每个人都喜欢听善言，一旦遭人恶言相向，不是嗔目切齿，就是伤心难过。人同此理，情同此心，经常站在对方的立场设想，说赞叹语、鼓励语，不但能获得人缘，更能激起对方的信心。好话不怕多说，坏话要尽量少说，英国有句谚语："言语伤人，胜于刀伤。"说错话或是以讹传讹，常常会酿成大祸，怎能不小心谨慎呢？

第三，做好心意的修行

人之所以有烦恼，最大的原因是智慧得不到发挥，内心被浮动不安的情绪所控制。所谓"牵一发而动全身"，一旦内心最脆弱的那一点被挑起，贪嗔痴三毒便随之而来，倘若不能及时制止，一切恶事将因此而生起。所以，做好心意的管理是刻不容缓的事情。EQ（情商）高，处事才能圆融；内心平静，事情才容易成就。将心胸打开，不在人我是非上计较，烦恼自然能减少。

第四，做好当下的修行

有的人理想很高，但是往往无法成就，原因就在于不能把握当下成事的机会，总是抱着"这山看着那山高"的心态，结果却是"到了那山没柴烧"。想要得到的东西太多，反而因为心有旁骛，不能活在当下，最后弄得一事无成。其实，做什么事情都可以有成就，就看我们当下是否能用心。

未来是一个遥遥无期的未知数，但是，凡事如果能有预备，希望就越能提早实现。

进步的方法

《礼记》云："学然后知不足，教然后知困。"学习是一辈子的事，就像现代人提倡"终生学习"，面对现在这么一个多元发展的时代，每个人都必须求进步，不断地自我启发、突破，才能跟得上大众的脚步。如何能够有效地学习，有以下四点方法：

第一，温故知新

新知识固然要追求，旧经验也不可忽略，经过时间的历练，经验可以作为求新、求进步的凭借。因为在学习的过程中，温故知新，会有新的体会，反刍吸收，就会有所增益。

第二，思而成慧

思想是促进人类文明的动力，因为有思想，故能开发智慧。笛卡儿说"我思，故我在"，儒家讲"学而不思则罔"，佛教主张"以闻思修而入三摩地"。哲学家因为思想，解释了多少宇宙问题；科学家发明了多少科技文明，都是经过思想、实验而成就；佛陀也经过苦思冥想、体验实践，才悟出宇宙人生的真理。我们的思想要启发才能够思维会意，才能成为智慧。

第三,多提问题

学问,就是要在不断地学习中提出疑问。胡适说:"做学问,当在不疑处有疑"。提出疑问,努力寻求答案,当疑问获得解决,也就表示向前进步了。佛教有谓"小疑小悟、大疑大悟、不疑不悟",在疑处求解,在不疑之处求实证,才是进步之方。

第四,正反对照

不论是治学、立身处世,都要以智慧来研究、辨别。佛法教我们透过"三法印"来印证、考察真理;乃至研究一段历史、阅读一个新闻事件等,各种错综复杂的因缘,都应该搜集各种不同的信息,探讨、对照、印证,才厘清事实真相。

人生在世,能活到老学到老,固然可以多方获取知识,但所谓"世学有漏,佛法无边;知识变易,真理常新",能够探究真理,遨游法海,让心灵提升,享受真理的智慧与法乐,才能得到究竟的进步。

谈读书

做人要从读书开始。书读得好，人才做得好；不读书，虽然会做人，但是不够完美。所谓"人不学不知义"，不读书就不能明白道理，不明白道理就不能做一个好人，所以人人要读书，这个社会、这个国家必定有所为。读书要读什么？有四点：

第一，读做一个人

当一个人被批评为"不像人"的时候，可以说是名誉扫地了。英国散文家斯蒂尔说："读书之于心灵，犹如体育之于身体。体育保持、加强、增进着健康；读书则焕发、培养和坚定着德行。"读书能升华人格、坚定道德，所以一个人要懂得读书。倘若一个人不懂得忠孝仁爱信义和平、不懂得礼义廉耻，人道都不全，更何况是要成圣成贤呢？因此，读书最重要的就是让自己像个人。

第二，读明一点理

一个人会说话、会做事，但不一定能明理。理是规矩、法则、原则，不是你有钱，就可以恣意妄为，不是你有势力，就可以任性而为的；理是平等的、共尊的，社会况且讲"法律之前，人人平等"，何况因果的法则是不变的真理，"善有善报，恶有恶报"是世间最公平的裁决。所以我们要明理，明理比能力更重要，比勤劳更重要，比一切事都更重要。

第三，读悟一点缘

宇宙间的一切都是因缘组织、聚集而成，即使再好的种子种在田里，也要有风、雨的滋润，土壤、肥料的涵养，才能开花结果。俗话说："有缘千里来相会，无缘对面不相识。"所以，佛教常鼓励人要广结善缘，一个微笑、一句赞美、一点关怀、一些祝福，都可以建立彼此的缘分，维护已经建立的关系。所谓"缘聚则成，缘灭则散"，当珍惜现前有的因缘。

第四，读懂一颗心

人心是无常的、会变动的，唯有自己才是最了解自己的人，所以我们不能只想明白别人在想什么，也要能观照自己的起心动念，才能把握好做人处世、应对进退的分寸，不致因为误会而坏了好事。人的快乐与否，常在心的一念之间，因此，要成就一个自处又能处众的人生，要了解自己的这一颗心。

社会要有秩序，公众相处要能和谐，人人应做书香人士，家家要做书香人家，成就一个书香社会、书香世界。

何谓大学

每年多少青年学子，为了要考取大学，学生焦急、家长烦心、师长忧心，连从事大学教育的教师，也为了招生、考试、录取、分发等事务忙碌不已，几乎整个社会，都为了大学入学考试动起来了。

大学，不比中学，也不比小学，所谓"大学"，不在学校土地大小、建筑是否宏伟、学生人数多少。有的大学学生很少，地方也不大，但是培养出来的人，都是相当优秀的。比方美国麻省理工学院，它不大，人也不多，不过，只要你在这所大学念过书，走到哪里，社会上的人都会对你另眼相看。

可见得，大学不在这些外在的条件。那么，到底大学的意义在哪里？以下四点参考：

第一，有大识

所谓大学，就是大人之学，它要以国际文教重镇为目标，以世界学术中心为期许。在这里学习，要有大认识、有大见识、有大格局、有大思想，以天下为家，以世界为对象，具备国际观、现代观、未来观，能担当承先启后的使命，能肩负教化大众的责任，才能培养出具有大识的器度来。

第二，有大德

到了大学读书，就已经不是小孩。进了大学，就要自我要求，自我肯定，培养自己的厚德品格，树立大形象、发下大志愿，才会从内心产生大能量，发挥一己生命的价值和意义。

第三，有大量

我读了很多书，可是心量很小；我很有知识，可是肚量很小，这还是没有大用的。假如读了大学，即使学校不大，但是我的心胸广阔，地球有多大、世界有多大，都容纳在我心中；历史有多长、有多远，都收摄在我心里；世界上所有的人、一切众生，都存在我的心中，心如虚空，养成大量，将来才能做大人、做大事，这才是大学的意义。

第四，有大道

一般人开车，都希望走宽广的大道，好比在高速公路上，六线道、八线道，都要比四线道好走。人生也是一样，我们不但要开阔自己的大道、走上大道，也要成就别人的因缘，让别人行走在大道上。大道是真理，大道是光明，所谓大学，就是要走上大道。

大学是追求知识的殿堂，是传播真理的皇宫，是培养伟人的摇篮，是陶铸圣贤的道场。

它应该要具备人文思想的内涵，兼容并蓄的精神，福慧双修的理念，乃至行解并重的教育。何谓大学？以上这四点，都是我们要自我期许、自我教育的。

学问观

宋朝黄庭坚被列为"苏门四学士"之一，他有一句名言："三日不读书，便觉语言无味，面目可憎。"古人对学问的看法如此，一般人对学问抱持的态度，又是如何呢？大略分为四种：

第一，投机的人，忽略学问

"不积跬步，无以至千里"，做学问，也要付出耐心、毅力始能有成。但是有些人，略有聪明，即心高气傲，以为凭着机巧应对进退，就可以"逍遥一世之上，睥睨天地之间"，不需按部就班，而忽略积累学问的功夫。其结果，犹如建屋却欠缺厚实的地基，高楼必垮。

第二，浅薄的人，轻视学问

有很多的人，由于自己受教育很少，自己没有接触到高深的学问，就轻视自己。但也有很多人自觉浅薄，因此对专家、学者、博士、教授等，可以佩服和赞叹，而觉得自愧弗如。这样的人也不必太过自卑，有时候，学问是从别人讲说、从书本、从自己做事的经验里获得，更可从自己的悟性里获得。因此，浅陋的人，不要轻视学问，更不要自卑。

第三，聪明的人，善用学问

有的人一辈子孜孜不倦埋首经卷里面，却不懂得善用书中的知识，纵使书读得再多，也仅落得"两脚书橱"名号。真正聪明的人，除了善读书，还要消化吸收别人的经验知识，转化、充实自己的学问内涵，如此才称得上有智慧的人。

第四，踏实的人，精研学问

"生也有涯，知也无涯"。人在短暂的一生当中，要获得扎实的学问，就不能只局限在年少求学时期。精研学问，必须终其一生，念兹在兹地"学"与"问"。贤如孔子，"入太庙"犹"每事问"；东汉著名学者贾逵，亦有"问事不休"的雅号。他们具有"问学"的积极态度，所以能奠定丰富的"学问"修养。

人的资质虽有贤愚平庸之别，但是对于问学的态度，可以自己决定其内涵。求机巧而忽略学问，即使成功，也只是一时侥幸；轻视学问，只有越显自己浅薄；善用学问，足以培养聪明智慧；逐步踏实积累学问，假以时日，必能尝到丰盛甜美的果实。

教育的意义

曾国藩说:"以言诲人,是以善教人;以德熏人,是以善养人。"这可以说就是教育。教育是承袭前人智慧,从中获得启发;教育是长养自己的德行,从自我改变到净化社会人心风气;教育是让人增加知识,发展心理智能;教育是增加生活常识,体认世界文化。以下再分四点说明教育的意义:

第一,教育的课题在启发心智

教育的目标,是教导学子如何去发现问题,以及引导他思考问题的答案在哪里,而不是直接告诉学生问题是什么,以及问题的答案在那里。教育的目的,是启发学子的心灵宝藏,而不是将他人的思想,填鸭似地加诸在学子的记忆中。所以,教育的课题是启发学子的心智。

第二,教育的秘方在尊重学生

过去有"师严而后道尊"的教育理论,有的老师为了达到"严师出高徒"的目标,却忘记顾及学子的尊严,以打骂的方式严苛教导,以致有些学子,或因自尊受挫而自暴自弃,或在心中留下不可抹灭的阴影,或影响人格健全发展,甚至反抗叛逆等。所以,教育的秘方应以尊重学生为前导。

第三，教育的基础在生活习惯

教育的目的，是为了改善人类的生活方式，提升人类的生活质量；教育的目标，是为了增加正义道德的养成，提高人际礼仪的往来；教育的成就是让人明智达礼，提高品性道德的修养。因此，教育的基础，不在事业功名的高低，而是良好生活习惯的养成。

第四，教育的目的在完成人格

孔子主张人性本善，荀子说人性本恶论，而佛教的主张是人性有善有恶，无论人性本善、本恶，或善恶俱全，教育的目的就是要能开展人性善的本能，去除人性恶的习性。所以，教育是在开发人们与生俱有的潜能，是在培养良好和谐的性情，进而完成健全的人格。

孟子说："饱食暖衣，逸居而无教，则近于禽兽。"人之高于禽兽，就是因为"教育"。教育能够加强是非善恶的判断、提高廉耻忠孝的情操，最重要的，教育要达到自我启发、自我教育、自觉教育的目标。

不学之弊

有一次，孔子在庭院看见迎面来的儿子伯鱼，就问他："你学诗了吗?""还没有。"孔子说："不学诗，无以言。"伯鱼赶紧回去学诗。又有一次，孔子问伯鱼："学礼了吗?""还没有。"孔子说："不学礼，无以立。"伯鱼听了，赶紧回去学礼。孔子教导学生与子女，也不外乎教他们要"勤学"。

勤学能变化人的气质，能扩大自己的心胸，升华自己的人格。反之，不知要用心学习的弊病至少有六点：

第一，好仁不好学，其弊愚

有的人心性和善，却不喜欢学习新的知识，没有警觉学习的重要，也没有具备学习的动机，这种只知道做"好人"，却没有以智慧正见作为引导的善良，容易流于所谓"德之贼也"的乡愿，甚至是"愚痴"的好人。

第二，好知不好学，其弊荡

有的人好奇心强，求知欲也很旺盛，不过他只想有更多知识来巧辩，来矜夸卖弄，没有真正体会学问之道。这种没有内化为人格道德的学问，只是浮荡不实的世智辩聪之慧。

第三，好信不好学，其弊迷

有些人自认很虔诚，什么都信，什么都拜。甚至他也自认是佛教徒或是天主教徒、基督教徒，可是只要看到围一块红布的大树，画几笔朱砂的石头，就上香磕头。几十年前教育不普及，文盲甚多的年代，有这样的情形，还情有可原。在民智已开，各种宗教教育也积极推动的现代，还是迷信而不求了解，就太可惜了。

第四，好真不好学，其弊糊

有人想求真、求实，但却不用心研究真实之道，对于任何学问都只是点到为止，浅尝辄止，无法沉住气，耐心深入研究，到头来还是迷迷糊糊，没有真正的道德修养。

第五，好勇不好学，其弊乱

有的人好武，喜欢表现勇气力量，却没有体会精益求精的道理。所谓武艺的绝招，也要练得彻底了，功夫出神入化了，才能成为自己的绝招。不精练，只靠力气，纵使学得再多的招数，终究只是杂乱无章。

第六，好刚不好学，其弊狂

有的人生性刚强，原本刚强也不是坏事，因为刚强的人，其意志力也强，对于所立定的目标，较容易成就。只是如果仅凭借刚强，则容易落入狂妄。孔子说："暴虎冯河，死而无悔者，吾不与也。"

好仁、好知、好信、好真、好勇、好刚都是优点，但若不知学习，这些长处也无法发挥。不学的缺陷有六点，希望大家能警惕。

不学之患

学习，是进步、是成长。一个人只要有心上进，环境并非绝对的因素，最可怕的是本身墨守成规，不求进步，自满是阻碍进步最大的因素。人乃学而知之，并非生而知之，所以人一出生到世间上来，就要修学、受教；通过学习、教育，才能明理知义。对于不肯学习的人，有以下四患，提供参考：

第一，仁厚不好学，近愚

你做人很仁慈、很厚道，就是做人很好；但是你不好学，不好学就没有智慧，则近于愚痴。所以，心慈无智的人，纵然待人厚道，有时候不当的慈悲、厚道，还是属于愚痴的行为。

第二，聪慧不好学，近虚

一个人很聪明，但是不肯运用聪明再去进一步学习，这种聪明但不好学的人往往虚而不实。所以，有一点小聪明的人，千万不能自鸣得意，否则虚浮的聪明有时候聪明反被聪明误，甚至过分地炫耀小聪明，让人觉得虚伪，也非智者之举。

第三，诚实不好学，近害

有的人做人很诚实，老老实实、诚诚恳恳，但是他不好学；不好学则无智，因此不懂得运用诚实，不善于把握分寸，不晓得分辨利害，不知道权衡轻重，光凭着诚实，这样的人危险临身也不知道防范，所以诚实不好学，近害。

第四，勇敢不好学，近乱

有些人很勇敢，讲话勇敢，做事勇敢，但是没有学问；没有学问就容易乱来，乱说乱做，这种人不会受人尊重，也不会受人重视。所以人要好学，好学以后才能不愚痴，才能不受害。

在学习的领域里，最大的障碍便是自满，自以为是；人不能自满，不能安于现状，唯有精益求精，才能更上一层楼。

智愚之间

智者与愚者之间，要怎么分别呢？佛陀在《增一阿含经》中说：有智慧的人，对于未知之事，绝不贸然行事；对于已知且应该做的事，必然尽力去完成。反之，愚痴的人，对于明知不能行的事，偏要去做；对于已知且应该做的事，却不肯去做。所以，智愚之别，就在实践力如何了。有四点智愚之间，提供大家参考：

第一，即知即行是智者

古来将相圣贤与凡夫的差别就在于"行"。谚云："真学问在行，若知而不行，犹弗知也。"人们求得知识的目的，就是为了生活上的实践，一个有智慧的人，如果不能知行合一，只是将已知的知识存放在大脑中，成为积累的记忆，这与不知者又有何异？所以，即知即行，才是一位智者。

第二，不知而行是庸愚

不知而行的人，等于是瞎子走路，看不到前方目标，对路况也毫无所知，执意偏行，不是很危险吗？这世间有许多邪魔外道，对世间的真理仅是一知半解，却又好为人师，所谓"一盲引众盲，相牵入火坑"，这种不知而行的行为，就是愚痴。

第三,知而不行是蠢才

有一句话说:"将你所知的付诸实行愈多,你便能获得愈多的知识。"所以,知识就是生活中的"方法",如果你明知"方法"却不用,或虽然知道,但不肯做,或者顾虑太多,患得患失,因循苟且,到最后一事无成,这无异于一个蠢人。柏拉图也说:"不能运用智慧的人是一个傻子。"所以"知道了",就要去实践,否则知道得再多,没有落实,也是"如人数他宝,自无半毫分",那实在可惜了。

第四,不知不行不成才

西谚有云:"那些不知道,而又不知道自己不知道的人,是一个傻瓜,要棒喝他。"一个知识不足,又不想去求取知识的人,无法成才。因为人的知识,是从自己想要拥有中得来,如果连求知的欲望都没有,甚至连自己没有知识都不知道的话,即使别人想要帮你,那也难了。

智慧是从积聚失败、改进的经验而来,愚痴则在自以为聪明而且懒惰中养成。庄子说:"学而不能行,谓之病。"再高的才华智慧,如果不多加利用,便与庸碌凡人无异,而一个智者,不会放弃任何可以学习实践的机会,这就是为什么人的能力有上下高低的不同了。

教育的条件

佛陀为不同众生说八万四千法门，就是依不同根机的"权巧方便"教育法；孔子也因应各种资质的学生而"因材施教"。所谓"天生我才，必有用"，每个人来到这个世间，必定有个天生所拥有的特长，依据个别的特质，给予开发其个别专长的方法，就是授道者的责任。以下谈谈教育的条件：

第一，要观机逗教

所谓"天下无不可教之人"，我们看看世界名人爱因斯坦、贝多芬、牛顿等，不都是因为没有放弃，而有成就？所以，教育是看学子的根机而教，而不是以一个版本的方法论定。就如照顾不同季节、不同品种的花、树，如果都是用同一种方法来养植，必定失败多于成功。

第二，要解行相应

学问是学来运用在生活上的，而不是只有文字上的背诵与明了。所以，学问的成就，不在于书读了多少，而在于运用上是否纯熟，生活上实践的多寡。孔子说："其身正，不令而行；其身不正，虽令不从"，这就是解行相应的重要性，因此领导者，要能让学子从你的言行中，看到学问的应用。

第三，要去疑生信

歌德说："随着知识的增加，怀疑也会跟着增加。"为师者，不能忽视学生的疑点，而是帮助学生从问题中寻找答案。所谓"学问之进步，在乎疑：大疑大进，小疑小进，其疑之处方成悟"。引导学子如何从疑问中产生知识，就是老师"传道、授业、解惑"的职责。

第四，要利乐有情

高科技的发达，改变人们只能听天从命的宿命观。例如台风的预知，减少人类生命财产的损失；交通电讯的发明，减少人们长途跋涉的危险，以及亲人离散音信全无的恐惧。还有计算机的发明、医药的发达等，不都是改变人类生活的学问吗？所以，教育也要能提升人类的智能，要能利乐有情。

教育就是开发能量与增进知识的渠道，一个好的教育者，能开发学子的心智，培养世间伟人，启发蒙蔽者的潜能，甚至是社会、国家安定进步的力量。教育之重要，就如引导出离黑暗的向导，孙中山先生说："教育有道，则天无妄生之才。"所以教育的条件有以上四点。

善为学生

  "学生"也不一定指学校里面的学生，人活到老，学到老，一生可以永远是一个学生。甚至现在的长青学苑、老人学校、小区大学等，都是一种"终身学习"，因此怎么样做一个学生呢？有六点意见，提供作参考：

第一，敢于发问，问出智慧

  学问、学问，"学"就要"问"，上课有疑问，要随时请教老师，下课有问题，也可以和同学切磋琢磨，能不耻下问，才能进步。如禅宗所说"小疑小悟、大疑大悟、不疑不悟"，简单的问题，连问三个"为什么"，就成为很大的学问。因此，多思考就有问题，多发问就会有智慧。

第二，长于听闻，闻出对错

  经典里面"如是我闻""谛听！谛听！"就是要我们善于听闻。你会听话，要把话听懂、听全、听了有用，尤其能举一反三、触类旁通，这才是真正的会听话。听话要懂得分析，听得出哪一句是对的，哪一句话待研究。能听得出对错，就能听出学问来。

第三，善于沟通，通出共识

  读书必须要有慧巧，有胜解力，不读死书，不死读书，活用所学的知识，才有意义。会做学问的人，会把各家、各派的学术，善于沟通，所谓融会贯通，自然会通出一个共同的理论来。如孔子说："参乎！吾道一以贯之。"只要用心学习，即使在众多的学说理论中，都能理出一套自己的学问来。

第四，勇于思考，考出创意

胡适说："大胆假设，小心求证"。科学家因不断假设、实验，终于发现声光电波，改变了世界。佛教里也讲"以闻思修，而入三摩地"，把自己融入真理的法海，进入般若的世界，就是要勤于思考、勤于修正，才能悟出真理来。读书也是如此，勇于思考，就会思考出很多的创意、很多的问题。

第五，受于锻炼，炼出实力

人要"用功"以奠定学识的基础，读得汗流浃背，废寝忘食，才是读书的基本精神。做学问要经得起磨炼，必须有"苦其心志""困知勉行"的毅力，晨昏早晚揣摩，春夏秋冬揣摩，若能多时地揣摩、多时地锻炼，就会把自己的实力锻炼出来，学问才能扎实。

第六，安于进修，修出道德

道德可以冒充，学识却不能作假，读书是一件辛苦而且不易的事。所谓"十载寒窗无人问"，做学问的人，要能可以安住于一处，以养深积厚的精神，勤恳进修，就能修出道德，就会健全自己。如同深山的树木，经得起岁月霜雪的熬煎，才能更高更大，才可以做栋梁！

一个有"学力"的学生，是能自我教育、自我充实。

如何进德修业

　　每个人都有想要追求的目标，或许是家庭幸福，或许是名利权势等等有形的条件。也有人认为，品格的提升、智慧的增长、学问的丰厚等等，这些无形的宝藏，才是更值得追求的资产。客观地说，品格提升与智慧增长，都可以通过修习学业，在日常生活中积累而成。如何有效地进德修业？在此提出四点建议：

第一，要细心，如冬天走过冰河

　　冬天结冰的河面，看似平坦，却是滑溜无比，走在上面若掉以轻心，难免惨遭危险，甚至有死亡之虞。只有小心谨慎、战战兢兢才能安全通过。研究学问、学习技术，细心很要紧，如果粗心大意，不仅没有效率，效果也会大打折扣。进德修业也是如此，必须仔细用心，所谓"如临深渊，如履薄冰"，才能有效学习，积累智能。

第二，要谨慎，如畏惧四邻目光

　　所谓"君子虽处暗室，十目所视，十手所指"。这是勉励一个人，即使处在无人之处，也要端正身心、戒慎恐惧。学习也应如此，无论什么时候，都应该有大众严格的目光督促自己一般，丝毫大意不得，如此用心地工作、学习，自然容易有所成就。

第三，要庄重，如到别人家中做客

在学习的过程中，要庄重敬谨，不当游戏、不开玩笑，要以在别人家中做客一般的庄重心情，言谈、举止、风度一点都不马虎的态度来面对。如此学习不仅是知识上的功课，也能成就修养上的功夫。

第四，要敦厚，如森林朴实自然

一棵树至少需要十年的时间，才能长成大树；上百、上千的树，则要几十年，甚至百年的光阴才能蓊郁成林。学习也要像树木成长一样厚实耐烦，不要投机取巧，越次躐等，才能积累如森林一般壮观敦厚与朴实自然，也才不致空有其表，苗而不秀。

外在有形的条件，容易随着时光逝去而消失，内在无形的修养，则可以越久越淳厚。如何有效率地修习学业，让自己的内涵逐日丰实？在此提出以上四个要点，以供参考。

学习的利益

做人，活到老，学到老。人生最重要的事情，就是不断地学习，不断地进步，才能不断有成就。古人专一心志，勤于学问，就能学到许多的利益。学习的态度也非常重要，对人要谦虚，待人要有礼貌，学技能、学道德、学智慧、学处事，都要闻教则喜。怎么学习呢？以四点说明：

第一，少而学，则壮而有为

一个人在少年的时候，应该要爱惜光阴，珍惜学习的机会。隋朝末年，隋炀帝下诏度僧，年仅 13 岁的玄奘，即前往应试，并立下宏愿，要"远绍如来大法，近光佛陀遗教"。玄奘因为少年励志而学，到了壮年时即成就非凡，是中国伟大的佛学家、译经家、外交家、地理学家。

第二，壮而学，则老而不衰

人生到了壮年，不可轻言满足，或认为已经超过学习的年龄，而自我局限，不肯进步。即使在壮年的时候还是要学习，因为"生也有涯，知也无涯"。宋朝苏洵，年 27 岁才开始发奋为学，和其子同时攻读，终究成为唐宋散文大家之一。所以学习永远不嫌晚，人生需要不断学习,才不会提早被时代淘汰,被知识抛弃。

第三,老而学,则思而不休

人老了更要学。有很多的老年人倒不是因为年龄老化而被遗弃,最主要的是思想太过顽固,以有限的知识学问赶不上这个大时代。

释迦牟尼佛在娑罗双树间即将涅槃之前,年已 120 岁的须跋陀罗,还拖着老迈的身体前去问道,他听佛陀讲说八正道,并于当晚出家受戒,净修梵行,入夜未久,即成阿罗汉,在佛陀之前先取灭度,为老年学习思而不休,留下榜样。因此年老了还要再学习,才能和时代的脉搏一起跳动,和时代的精神吻合。

第四,思而学,则融会贯通

学习,不但是少年学,壮年学,而且时时都要学,若能不断学习,扩大学习的范围,则在技能上、学问上、道德上都会有进步。只要肯学,就能把世间法、出世间法融会贯通。如果今生肯学,不但今生能有成就,未来的生命必能增加智慧。

学习（一）

俗语说："人不学，不知义"，也有说："活到老，学不了"，意思是，人活着就是要学习。学习有好多种类，从母亲生养我们呱呱坠地以后，就要学习吃奶、学习走路、学习说话；家庭的学习不够，还要到学校学习知识、学习技能、学习才艺；工作后，要不断进修学习专业等等。其实，这些都还只是"有形"的学习，有些"无形"的学习观念，影响人际、处世的成败与否更大、更远，提供参考如下：

第一，学习认错

现在的人，不太肯认错，不知道错误，就不知道改过；不愿意认错，就不会进步。俗谚有云："不怪自家麻绳短，只怪他人古井深。"许多人欢喜说理怪其他原因，错了一件事，总要说多少的理由来维护自己。比方开会迟到了，就怪"刚好有客人来""刚好接到电话""外面下雨了""交通堵塞"……他不认为开会迟到，是自己的不对。所以，要想进步，第一要学习认错，认错才能让人接受。

第二，学习惭愧

惭愧就是羞耻心，现在许多人不知道羞耻、不知道惭愧。惭愧就是觉得对不起别人、对不起自己、对不起父母、对不起子女、对不起朋友、对不起社会、对不起国家，觉得没有尽到自己最大的责任，没有做到最好。有了惭愧心，就能"知耻近乎勇"，就会勇敢、发心，觉得要对大家有所交待、有所表现、有所贡献，内心就会有力量。

第三，学习柔和

牙齿是硬的，到一个年龄就会掉光，但柔软的舌头不会，所以柔和才能长久。禅堂里禅者，你给他几个月、几年的时间参修，你问他："你有进步吗?"他说："我心地柔和了。"这就是进步。所谓"只从柔处不从刚"，柔和是处事接物的重要方法。

第四，学习放下

人生要学习"提得起"，也要"放得下"，好像皮箱，该提起的时候要提起，你不用了，却不放下来，那岂不是很累吗？所以，在世界上，一般人会追求名誉、追求财富、追求感情，那是很自然，只要正当，也是值得肯定与鼓励的。但有的时候觉得太过了、疲倦了，学习放下执着，会更自在。

大半的人，都会学习向前的人生，以上四点，却可以让我们有"退一步"的思考，值得省思。

学习(二)

庄子云:"吾生也有涯,而知也无涯"。我们人的生命有限,知识的大海却是广阔无边,有时穷经皓首,也不一定能遍学一切。除了追求新知、常识,时时刻刻不断自我充实外,还要掌握什么学习要点呢?以下还有四点:

第一,学习沟通

现在人与人之间往来密切,经常要谈判、要交流、要共事,沟通显得很重要。尤其,每个人有他不同的思想、不同的观念、不同的利害关系,你不沟通,当然就要吵架、有争执。沟通所以不良,大半起于"我执",各持己见,但是,只要能留给对方一个因缘、一个机会、一个欢喜,互换立场,沟通也不见得困难。沟通以后,所谓"方便有多门,归元无二路""条条大路通罗马",尽管路线不同,思想不同,就能够为双方创造"双赢"。

第二,学习感动

感动,是我为你、你为我,是人间最美的互动交流。别人做好事,我要感动,别人对我好,我要感动;别人给我感动,我自己做事,也要给人感动。例如,我能说多少好话给人鼓励、给人信心?我能做多少好事给人帮助，给人慈悲？假如，别人的好心好事，自己不能感动，自己所做的一切，也不给人感动，那么这个人的缺陷就大了；如果人间没有感动，就失去了人生的意义。所以，我们要学习有感动的人生，感动的世界很美丽。

第三，学习灵巧

有的人食而不化、执着呆板，参禅学道，他就不能灵巧，不容易悟道。灵巧是一种融会贯通，是一种灵动运用，有人说我天生羞涩，不懂灵巧，其实，它还是可以学习的。只要注意聆听、注意揣摩、用心思维事情的来龙去脉、前因后果，久而久之，熟练了，自然就灵巧。倘若你不注意听，做事漫不经心，自以为是老大，总是"我以为、我认为……"，那么就永远学不会。因此，要想悟道，要学习灵巧。

第四，学习提起

人生不能因为一时的挫折而萎靡不振，你要奋起振作，要发挥力量。好比我能挑重多少、我能负责什么、我能担当什么，心中要提起正念，为国家、为社会、为人民，做好事、说好话、存好心，这就是学习提起。参禅悟道，要提起正念；做人做事，要提起正念，有了正念，就有提起的力量，有了力量，何事不能办？

人生要学习的面向很多、很大、很广，除了技术性、知识性外，可以学习沟通、感动、灵巧、提起，这对我们会有很大的用处。

如何开发智慧

人生各方面的资源都要靠开发，才会愈来愈大、愈来愈多。业务要开发才能壮大，财源要开发才能广进，人际关系要开发，才能人脉丰沛。智慧当然也要开发，人生才会精彩且有意义。如何开发智慧？有四点意见贡献给各位：

第一，无欲则心清

一个人的欲望太过强烈，他的心地就不会清明。天上的乌云太厚了，就看不见天；要云淡风清时，才能看到万里蓝天。欲望就如同天空的乌云，欲望太强，心眼就被蒙蔽，看不清一切事物；欲望愈淡，心地才能愈清明。河中的水太浑浊了，就看不到鱼虾；如果水清见底，才能见到河中的生物。欲望就如同水中的淤泥，欲望少了，清朗的本性才能浮现。

第二，心清则识朗

一个人心里清净，他的真识、本性就会朗如晴空。佛教讲八识：眼、耳、鼻、舌、身、心、末那识、阿赖耶识，识有分别、了知、执取的作用，凡夫以"识"来计较分别世间所有事物的好和不好，受识的主宰而对一切因缘起憎爱执着。如果你的心愈清明，识就愈清朗，愈不会随习性而盲目反应,愈能看清宇宙人生。

第三,识朗则理见

能够清楚知道我们对于世间的爱憎贪厌、喜恶好怒都是"识"的作用,就可以彻底明了世间万法都是因缘和合,并没有特别值得你去憎恶的事,也没有特别值得你去贪恋执着的人物,不会因爱起贪,因恶起嗔,因顺境起慢,因逆境起忿,自能过理性且清明的生活。

第四,理见则智明

因此,修行人要设法转"识"成"智",转眼、耳、鼻、舌、身等前五识为成所作智,让我们所作所为均是为众生行善;转第六识为妙观察智,善于观察诸法实相;转第七末那识为平等性智,观一切有情悉皆平等;转阿赖耶识为大圆镜智,得离一切虚妄分别。能够确实转识成智,就已经达到了智慧朗现的解脱境界。

每一个人的智慧都能得到开发,端看方法得当与否。在此提出循序渐进开发智慧的方法,供大家参考。

读书之利

　　过去社会提倡"书香世家"，以"书香"传给下一代，今天要提升国家社会的力量，更要建设一个书香社会。放眼国际，凡是文明的国家，人民百姓大多都是好读书者，在公交车里、火车上，常见人手一书。因此我们不要只是"向钱看"，比金钱物质更有价值的东西，就是读书。读书之利，可归纳为四点：

第一，知识的获得

　　"玉不琢不成器，人不学不知义。"不读书，容易流于浅知浅见、愚昧不懂；不读书，思想就会停滞不前，难以提升。而思想要开通，只有靠读书加强，吸取书中的精髓，扩充见识，增加智慧。尤其书中的思想、经验，许多都是作者毕生的体验，我们在短短的时间内，就可以获得，岂不令人快乐？如果不肯读书，无异放弃了世界上最可贵的财富。

第二，信心的增进

　　所谓"欲穷千里目，更上一层楼"，人生要更上一楼，读书就是阶梯。你每读一本书，就像向上爬一层阶梯，不断扩展我们的视野，增加知识的力量。西方哲学家笛卡儿说："读一本好书，就是与许多高尚的人谈话。"不断地获得这些好书的"法财"，自我的信心会增进，生命的高度会提升。

第三，用世的工具

你会读书，读书就会成为用世的工具。所谓"隔行如隔山"，无论任何行业专员、机关科员，或是农工商人，都必须具备基本的专业知识。有了知识，可以化腐朽为神奇，有了知识，可以转不可能为可能。例如利用厨余垃圾，可以增加农业生产质量；发明航天飞机，人类可以翱翔外层空间，举凡人类的进步，都缘于知识的发挥。因此，要如何用世？唯有读书。

第四，快乐的泉源

有的人认为有钱财就会幸福，有的人认为有名位就会快乐。这是真实的快乐吗？其实是很虚浮的，唯有读书可以获得内在的快乐。有语云："风檐展书读，古道照颜色。"又说："好鸟枝头亦朋友，落花水面皆文章；蹉跎莫遣韶光老，人生唯有读书好；读书之乐乐何如？绿满窗前草不除。"从书里，可获得接心的欢喜；从书里，有着快乐满足的泉源。

如同每日必须吃饭一样，把读书养成习惯，可以长养我们的智慧，变化我们的气质，开阔人生的层面，提升生命的内涵。

读书的利益

　　读书，不光是阅读书本，凡是读人、读事、读理、读社会，都是读书。读书，使人普受尊敬，受到尊崇；读书，也能获得人缘，给人欣赏。读书，并非呆板地死读书，而是融入人生，恰如其分地处理人与人之间的关系，并普遍用于一切生活之间。

　　以我的经验来说，读书，可从文学书籍开始读起，也不一定用眼睛看，不一定用语言说，你可以用耳朵听。例如听掌故、听历史、听好人好事，读书，要会听，产生好奇，心中自然向往趋之。就像我识字，是从不会念字的母亲处学来的；我教书，是从不会教书的老师那里学来的。进一步，读历史之书，如《资治通鉴》《古文观止》《传记文学》等，因为历史好比一面镜子，可让我们了解人生的去向。

　　然后，再来深入佛学，研究《大智度论》《六祖坛经》《维摩诘经》等经典，就能让我们全面拥有一个佛学的人生。读书的利益甚多，具体有下列四点：

第一，读书，能树立形象

　　一般人依靠化妆来装扮自己，或以名牌来炫耀自己，做个名牌人，我则认为大家应学习做个读书人，以读书、写作来树立自己名牌的形象，重视人格的尊贵，超越富贵与名利。

第二，读书，能变化气质

气质使一个人显得态度优雅，雍容华贵，读书则会改变一个人的气质，令一个人具足修养。台湾"暨南大学"教授李家同曾说："一个国家若不增加教育经费，将来经费就会用在监狱方面。"可见，教育能增加道德人格的尊严。借此通过推广读书，希望每一个人都能拥有书香人生，建立书香家庭、书香社会、书香台湾、书香世界。

第三，读书，能认识自己

人有两只眼睛，能看别人，却看不到自己。我们读书，因为书中有理，有婉转曲折的学问，读书能明心见性。读书犹如禅师，能认识自己，认识人生，认识你我他，认识世界。

第四，读书，能增广时空

读书，能让人扩大自己的世界，增广时空。从读书中，可以知道上下古今数千年的历史，人类的进化，甚至未来的世界。历史是生命，在无限的时空里，读书让我们得到前车之鉴。读书也能让大家知道未来，使我们有限的生命得到延长，扩大我们的时空。古人常强调"立功、立言、立德"，也就是重视功德、言论与成就的寿命。读书，能使人们增加空间，书中的世界天地，宽广浩大，一本旅游杂志，带领我们遨游天下；一本天文地理书，让我们知道星际宇宙五大洲。

我坚持办设佛教学院，主要目的就是让大家来读书；集合百万人心血来创办大学，也是号召大家多读书。读书，可增加自己的寿命。我积极倡导读书会，因成就、心愿都是由读书而来。这四点读书的利益，值得我们身心投入。

读书的诀窍

读书不是为了文凭，而是为了学习。或许有人会问，学那么多科目做什么？其实每一种学科，都在培养一种观念和素质，例如研究法律，懂得人权；研究经济，了解供需；学数学，可以精确计算；读文学，可以美化心灵；读历史，能够贯通古今；读地理，能够开阔视野……如果都不学就是无知了。由此可知，读书很重要。读书的诀窍有：

第一，以融会贯通为主旨

读书不求甚解，囫囵吞枣，读了等于没读。清朝左宗棠教儿子读书要用心体会，一字求一字下落，一句求一句道理，一事求一事原委，虚字审其神气，实字测其义理，自然能渐有所悟。读到好书、有用的书，要认真钻研，以理解代替死背；真正了解，对自己才有帮助。

第二，以方法技巧为辅佐

读书除了眼到、口到、心到之外，也要有方法，才能有效率。例如课堂上做笔记，课后还要重新整理，找相关资料补充、注解，甚至做表解，这都是做学问的基本功夫。此外，读过的书，经过分析，可以知道文章的脉络；通过演绎，懂得作者的思维，其他如综合、归纳等，也都是有效读书的方法。

第三，以勤恳熟读为功效

所谓"勤能补拙"，只要不怕辛劳，必定有所成就。清代著名学者阎若璩，虽然天生口吃又迟钝，但是他勤恳熟读，熟背文章，常常思索文义，即使寒冬之夜，仍于案前勤读、苦思。十年后，有一天恍然大悟，变得聪颖异常。他还以"一物不知，以为深耻"自勉，终成饱学鸿儒。

第四，以细心运用为实际

读书要能实际运用，才不枉费辛劳。平时多读多看，并常写心得，多背佳句，跟别人讲话，就能言辞有内容，不会空乏枯燥。读书，最主要是学做人处事，例如明白古训的孝悌礼义精神，落实在生活中，就能使家庭幸福、朋友和睦、社会和谐。

如果一个人拿了博士学位，却不懂得生活，不通人情，不算是会读书。真正会读书的人，是能读熟"人事"，读懂"生命"，读通"生活"。

读书的乐趣

读书，除了吸取前人的知识与历史的经验外，也能增添自身的知识与涵养。懂得读书的人，能读出"书中自有黄金屋，书中自有颜如玉"的味道，知道浸淫在"读书之乐乐何如？绿满窗前草不除"的乐趣。如何是读书的乐趣呢？以下四点：

第一，遨游天下世界

"秀才不出门，能知天下事"，你博览群书，可以增加自己不同领域的深度、广度与厚度。一本地理书，收集世界森罗万象、人文风情；一本历史书，罗列前人思想精髓、功勋伟业。握有一本书，就像拥有大千世界，随手展卷，天地宇宙就能任我遨游，这岂不是人生一大乐事！

第二，接触过去未来

文字的出现，记录了文明及圣贤的智慧，让人类知古鉴今，展望未来。像佛教经典的成立，是佛弟子将佛陀的教法通过文字记录，集成三藏十二部，让佛法得以流传，众生对未来有了希望，有了解脱的指月标。通过读书，我们能知道过去、探索未来。

第三，体会哲理妙味

《菜根谭》云："读书不见圣贤，如铅椠佣"，阅读书籍，若洞察不到古人圣贤的思想内涵，那也只是文字的生吞活剥，所以佛教说"闻思修入三摩地"，要体会妙义，才能真正受益。王佐良翻译的《论读书》中提到："读书足以怡情，足以博彩，足以长才。"能把自己所学的知识，与今日世界、现实人生、自然万象贯通，运用于生活、人生，才真是领略读书的三昧！

第四，增加心意升华

所谓"腹有诗书气自华"，书能使我们的心意升华，找到生命盎然的泉源。所以古人说："士大夫三日不读书，则理义不交于胸中，便觉面目可憎，语言无味。"通过书本作者的知识、人生体验，我们得以汲取精华，增长见识，启迪智能，颐养性灵。

《颜氏家训·勉学篇》说："积财千万，无过读书。"因为开卷有益，开卷有乐趣，尤其会读书、读好书，才能领略读书之益，读书之乐。

学生学什么

每个人一出生，就开始学习，婴儿时学吃奶，再大一点学走路，到了学龄前，就从幼儿园、小学、初中、高中、大学本科到研究生，一直都是在学校学习。读书上学，当然学愈多愈好，甚至走上社会、成家立业、职场上班，还是有许多专业训练课程要学习；无论在哪里，无论老少，学习是终身的，都可以称作学生。到底学生要学什么？有四点意见：

第一，学做人的道理

有语云："人不学不知义"，古人从《三字经》、四书、五经开始读起，就是先学习做人的道理，它教你从洒扫、应对、进退，再到三纲五常、四维八德、服务社会、与人和谐等等。学会了做人道理，懂得处世，能够知理知事，知人知情，才能在社会立足，对家庭、同侪、社会有所贡献，否则不明白做人的道理，读再多也是枉然。

第二，学习明白善恶

人在世间，至少要明白是非、善恶、好坏，要有所分别。是的、善的、好的要接受，非的、坏的、不善的就要去除。你假如善恶不分、是非不分、好坏不分，那就成了"乡愿"了。甚至在世间不行善而作恶，这种负面的人生，到最后会被大众厌恶、淘汰。因此，学习明白善恶，是人生重要的大事。

第三，学习生活技能

学很多道理，满腹经纶固然很好，但如果满口仁义道德，却不能实践，在生活上就派不上用场。因此不能空口说白话，必须学习一些生活上的技能。例如打计算机、基本的烹饪、水电技能等，哪怕是开出租车、做个小店员，总有一技之长，会做一些事情，用自己的能力、时间，赚取自己的所得，养家糊口，就不会是负面的人生了。

第四，学习圣人之道

学习要有目标，没有目标，怎么学都学不会。既然有心要学，就不能学凡夫，整日只为贪嗔愚痴、嫉妒嗔恨，生活在困扰、烦恼中。要学，就要学圣人，他不为小事计较，他有"先天下之忧而忧，后天下之乐而乐""但愿众生得离苦，不为自己求安乐"的胸襟，凡事以大众为先，以大方向着眼，这种伟大的情操，是我们的榜样。人人能学习做圣人，世间会愈来愈美好。

人生不能只是浮生若梦一般，不切实际。要能为自己的人生做最好规划，以上四点，上至圣人之道，下至做人处世之道、基本生活技能，这些不只是学生要学习，也是我们终生所要具备的。

怎样读书

许多人忧心挂念现在的台湾社会风气，为什么？毒品充斥、色情泛滥、暴力横行，烟、酒、财、色到处蛊惑人心。虽然如此，近年来还有一件好事，就是各种读书会、社区大学的设立。只要看书的人、买书的人多，出版界不断出书，读书的人口不断增加，社会还是有希望的。到底应该怎样读书呢？有四点意见提供：

第一，有道之书尽读

书，有好、有坏，其中，有道之书不妨尽读。例如所谓"半部论语治天下"，读了《论语》，治理天下之道，皆在其中矣；读《资治通鉴》，可以知古今兴替；读《二十四史》，可以见证天下兴亡的因果关系；读佛教"三藏十二部"圣典，可以体会宇宙人生的真理。所以，有道之书要尽读。如同台湾高希均教授呼吁："读一流书，做一流人，建设一流的事业。"读有道之书，能让我们成为有思想、有智慧，懂得分析事理、判断是非善恶的人。

第二，明事之书多读

语云："化当世，若莫口；传来世，无如书。"读明事之书，可以增加知识，开展思想，可以提供建言，贡献智慧；读明事之书，思想会精致，分析有内涵。例如读科学、哲理之书，让我们开阔眼界，与世界接轨，与哲人相应。因此，明事之书不妨多读，让知识成为人生的动力。

第三，闲杂之书少读

读书就像交朋友，所谓"近朱者赤，近墨者黑"，择交良朋，终身受益，结交损友，一败涂地，所以要慎重选择。不正派的书籍，题材诱人犯罪、消耗心灵能量；道听途说、搬弄是非的书报杂志，不实的内容，腐蚀人心，对思想、灵魂没有一点帮助，这种闲杂之书还是少读。

第四，邪妄之书不读

现今的宗教界，有不少邪妄的信仰。例如有些邪教教人集体自杀，以获得拯救，或是以奇装异服，魔术变化，骗人耳目；这好比"一盲引众盲，相牵入火坑"，可见邪教的可怕。邪妄之书也是一样，它让我们陷入妄想、执着的泥淖里不得自拔，因此我们不可读邪妄之书。

读书，可以改变气质；读书，可以明白做人处世的道理。但是，坏书要禁读，好书要多读；有的书要熟读，有的书不可读。真正读书的人，要会选择：择时、择地、择师、择书，这是重要的开始。

知识的运用

中国传统社会相当重视有知识的人。为人父母者，再怎么辛苦，也会想办法让儿女读书，因为"万般皆下品，唯有读书高"的观念，一直被中国人奉为圭臬。知识分子很受人尊重，我们每一个人也都想拥有知识，各种学科又是如何运用知识的呢？

第一，数学以逻辑来运用知识

要会数学，就要懂得数字的法则，例如一加一是二，一加二是三。数量、形状、重量的计算，包括算术、代数、几何、三角、解析几何、微分、积分等，其中都有一个不变的原则。所以，数学是以法则逻辑来运用知识。

第二，哲学以思维来运用知识

要活用哲学的思维，就要有思想，懂得以理智去探讨、思索宇宙间万事万物的最高原理。生命从何处来？死往何处去？人生的意义是什么？宇宙万有的起源为何？如果能善用哲学的思维，就可以运用知识。

第三，科学以分析来运用知识

应用科学要有科学的精神。学科学就是要懂得分析，一个人在平常生活，要懂得分析事理轻重；运用金钱时，要懂得量入为出；交朋友的时候，也要懂得把握朋友之间往来的标准。如果做人处世不懂得分析，即使科学知识再丰富，也称不上会运用科学。

第四，佛学以悟道来运用知识

研究佛学有什么用？佛学有大用，因为研究佛学，会让我们对道、对真理有精确的认识。悟道之后，我们看世间会跟别人不一样。比方说未悟道前，看到一间房子，它只是房子；看到一张桌子、一扇窗户，也只是桌子、窗子。可是悟道之后，桌子不是桌子，窗子不是窗子，我们会看到它是许多因缘聚合而成，会了解世间的事物，都是因缘所成。所以说：佛学是用悟道来运用知识。

读书和做人

人一生当中，读书是一个重要的过程，而做人则是一生的事业。在这世间，会读书的人，不一定会做人，会做人的人，也不一定会读书，如何读书和做人，以下提供四点意见：

第一，会读书不如会读人

会读一本书，不如会读一个人，读一个有智慧的人，读一个有道德的人，读一个有慈悲的人。每一个人都是一卷书，假如你懂得去读他，好比音乐"宫、商、角、徵、羽"各调不同，每一个人也各都有其特色。你把这一个人读懂了、认识了，就可以见贤思齐，以为榜样。所以，与其死读书，不如读懂一个人，就会有很大的进步。

第二，会读人不如会识人

你读懂了一个人后，对他钦佩、对他景仰，不如要会识人。识人，可以识很多种人。你认识很多的人，就不是只读一个人，谁是善人，谁是恶人，谁是好人，谁是坏人，能把人分成多种，人的善恶、是非、好坏、智愚等，都分得很清楚，这就表示你是个很有智慧的人。

第三，会识人不如会做人

我们有能力认识很多人，但光认识是不够的，不如会做人。所谓，上等人会做人、做事、读书，三者皆会；中等人会做事、会读书，不善做人；下等人仅会读书，不会做事，又不会做人，那么在人间讨生活，就很辛苦了。如果我们会做人，慈悲、谦虚、和蔼、明理，处处与人为善，缘分一定很好，才是真正的人。假如你不会做人，傲慢、忘恩负义、自私自利，霸道官僚，到处与人结仇，在现今这个人与人往来密切的社会，只能算半个人或四分之一个人，甚至不像个人，你想做任何事情，都会很难成就。所以，我们要会做人，做个有慈悲、有智慧的人。

第四，会做人不如会用人

除了自己做人好，这些还是不够，最重要的是要能"用人"，并且还要用心教人。因为会做人，只是自我要求、独善其身，最多仅能获得人家的尊崇而已。但假如你会用人、会教人、能知人善任、提拔人才，就能兼善天下，让更多的人受我所用，受我所教，受我提拔，取彼之所长，即使是"废铁"一样无用的人，也能锻炼成为"钢材"，发挥大用；而尽管自己无用，由于你能善于用人，一样可以利济众生、造福社会。所以说，会做人不如会用人。

从读书、读人、识人、做人到用人，是一层一层的个人用功，也是一门"人学"。唐太宗因了解他的大臣，让他们各尽其能，因此打下大唐盛世的天下；反观唐玄宗，因为"裙带关系"重用杨国忠，几乎失去半壁江山。所以，读书与做人是一生的事业，我们应该好好地经营。

学习要点

人从一出生，就要学习生存的能力，吃奶、学爬、走路；长大后要读书、学技能、学生活，乃至毕业后要学做事、要有一技之长，懂得人情义理，才能立足社会。那么学习的要点在哪里？有四点看法：

第一，会意灵巧能主动

无论什么事情，不能闻一知十，至少也要能会意通达，懂得举一反三。灵巧有时候虽然是与生俱来的，但有时候也可以靠后天用心学习，比方注意聆听、用心揣摩，就能从中得到经验、方法。尤其贵能主动积极、主动帮忙，凡事要人喊、要人教，做事漫不经心，自以为是老大，总是"我以为、我认为……"那就什么都学不会了。

第二，诚恳反应有表情

人是有感情的群体，遇事有反应是很自然的现象，对人讲话、做事，要诚恳、要有反应。别人欢喜的时候应该跟着一起欢喜，该赞美人的时候就要随喜赞美。好比一颗石子投到水里，也会"咚"一声；就是对山喊一下，山也会回应你"啊"一声，否则人家热情跟你讲了多少话，你一点反应都没有，甚至也没有一点表情，谁会欢喜呢？因此，做人处事要诚恳、有反应、有表情，才是得体。

第三，说话笑容要慈悲

人类是群居的动物，在社会上不能不跟人说话、交流，不但要跟人说话，还要让人家感觉到我们释放的善意、慈悲、友爱与尊重。微笑代表友善与沟通，能够化解愤怒、缓和急躁，只要你肯给人一点笑容，做个"微笑弥勒"，就是对人间最好的布施，也是最好的供养，别人也会乐意和你结缘、往来。

第四，思维活泼成自然

智慧的启发要靠思维，一个人日常应该要训练自己的思想，宇宙跟我是怎样的关系？人生是如何去来？做事情该怎么给人方便、给人协助，慢慢就会思有所成。所谓"闻思修入三摩地"，思考活泼、正向、有变化、有弹性空间，自然做事也容易成功。因此，思想不要刻板、负面或钻牛角尖，落入死胡同里，只有自己辛苦，也得不到他人的肯定。

人生要学习的面向很多、很广，除了技术性、知识性外，更重要的，还可以学习沟通、灵巧、慈悲、诚恳，这些对我们生命历程都有很大的帮助。

道德教育

一个人有钱，人家不一定认为你就是好人；一个人有势力，人家也不一定认为你就是好人；反而一个人有道德，人家就会说这就是好人。过去幽王、纣王是君主，人家都说他是坏人，为什么？因为他没有道德；伯夷、叔齐饿死在首阳山，人家却说他是君子，为什么？因为他有道德。所以做人要受道德教育，有四点：

第一，诚实的道德教育

孔子云："人而无信，不知其可也。"一个人没有信用就会被人轻视，做任何事都得不到助缘，当然也就难以有所成就，因此做人要讲信用，无害于人，不侵犯别人。这个时代是讲究诚信的时代，企业对员工要诚信，才能提升员工的工作效率；员工也要对公司有诚信，才能获得上司的肯定；老师对学生要诚信，才堪作人天师范；学生对老师也要有诚信，才能真正领受师长的教诲。

第二，慈悲的道德教育

冲突与暴力来自于内心的猜疑和不满，和平与和谐来自于慈悲心的营造。有慈悲心才能无往而不利，有慈悲心就没有敌人，有慈悲心到处都会受人欢迎，所以慈悲的道德教育很重要。慈悲心要从小培养起，如果小时候有欺负小动物的习惯，将来长大也难保不会有欺负人的倾向，因此从小就要教育孩子爱惜生命、爱护动物。

第三，守正的道德教育

社会上的组织有正派、邪派之分，信仰上也有正信和邪信之别，无论如何做人都要正派，不管你身居士农工商那一种行业，都要能奉行正道。做一个正派的商人、正派的工人、正派的军人、正派的企业家、正派的教育家。这个世间是以正为本，行要正、做要正，有正念，人格修养自然能够升华。

第四，善行的道德教育

所谓"坐而言不如起而行"，人除了要有道德观念，比如心想我要做一个好人，我除了不乱说、不乱做以外，最重要的是要能付诸实践，成为行动，如遇到恶人时能以慈悲对待，行事能以诚实作为互动原则、以正派对治谄曲、以勇敢对治怯弱，仗义直言，扶弱为正。萤火虫振翅，才能发出光芒，田地经常翻动，才能促进植物生长，人要付出行动，才能有好的未来。

道德是做人的根本。一个奉行道德的人，必定不侵犯人；一个有道德修养的人，凡事都能为别人着想，希望大家可以奉行以上四种道德教育。

成为善友

人在世间上，不能单独生存，俗话说："在家靠父母，出门靠朋友。"什么样的人才能做朋友呢？所谓"友直、友谅、友多闻"。朋友之间要耿直真诚，要能相互谅解，要互通知识、要理念相投，还要能雪中送炭，这才是善友。人人希望结交到善友，自己同样也要成为别人的善友。该怎样做呢？有以下五点意见：

第一，喜乐要同时

所谓"独乐乐不如众乐乐"，一个人才气再高，如果不懂得平时广结善缘，遇到欢喜之事，想要找个能畅所欲言、畅怀而谈的、懂得你的朋友也不容易。东晋王羲之是个广结善缘之人，时常与一群雅士，共同到城外的兰亭雅集流觞赋诗，他说："一觞一饮，亦足以畅叙幽情。"

第二，事业要共成

做一个善友，不但要患难与共、富贵同享，最好在事业上也要能共同发展。现代先进的国家讲究彼此集中力量，这样既可节省社会资源，又可以增加人力、物力，如果彼此有共同的信念，要为社会人群尽心力，事业本身就可以养成许多人才，甚至可以成为跨国的大企业。

第三,过失要互劝

"人非圣贤,孰能无过",所以要"知过能改",自然"善莫大焉"。能互相劝谏,互相规正,这才是所谓的"善友"。有菩萨性格之人,虽遇不善之友,也能转化他成为善友,这需要强大的恒心毅力加上善巧方便的智慧。其次则是尽本身之力的寻求善友,并以相对的诚心共往来。如果发现对方有缺失,也应在适当时机给予劝导。反之,本身有过,对方诚心相劝,则要打开心扉欢喜地接受并快速地改进。

第四,苦难要相助

孙中山过去在英国伦敦落难被捕,幸得善友贺维女士和柯尔先生将此讯息转告了他的老师康德黎先生,才得以获救。从这件事可以看出孙中山平时必然是恭敬师长、诚信待人,才能在灾难中化险为夷。

第五,贫贱不离弃

具有"品德学问"的朋友,他本身就是我们人生旅途上重要的资源,可以提升我们生命内涵,是一种另类的财富,这种财富比金钱上的财富更加可贵。有形的财富容易消失,友情的财富陈久弥香。但是想要保有这珍贵的友谊之财,尤其在他贫贱之时,更需要加以维护、提携。

良师与益友

益友就像良师，良师也可以成为益友。这种思想，比较可以活络彼此间的关系，同时又能保有相当的尊重，是一种很有活力的想法。

在过去的世代，父母是天，子女是地；师长是天，学生是地。无论关系如何密切，总还是天地之间，遥远的距离。唯有在佛门传统之中，有所谓"三分师徒，七分道友"的认知，这是民主与平等的一种思想。这种思想，使得佛门伦理，更加鲜活，更加有生命力。关于"良师与益友"，有四点意见提供如下：

第一，他挫折时，我要给他勇气

人生不如意事十之八九，"苦难"与"挫折"原本可以用来提升我们生命层次，也是可以让心灵更加净化的一种过程，但是倘若"无法"或"不愿"接受，那就成了真正的苦难了。所谓"当局者迷、旁观者清"，这时候身为朋友之人，要伸出援手，像"施无畏"的观世音菩萨那样，有求必应，帮助他渡过内心的困境。等他"走出来"或"走过来"，再回头看看，他自然容易发现，"挫折"反而成了新的力量。

第二，他沮丧时，我要给他信心

沮丧之时，人皆有之，朋友懊恼、泄气、不振作、心灰意懒的时候，正是发挥可贵友谊的时候。要想办法激发他的信心，提醒他原有信念。因为"信心就是力量，信念就是方向"。今日他靠你行走，他日或许你还要依靠他飞翔。

第三，他迷惘时，我要给他指引

郑板桥的名句："聪明难，糊涂难，由聪明而转入糊涂更难。"这是大智之人睁一只眼、闭一只眼来体谅世间人的无知，此所谓"难得糊涂"也。

然而迷惘并非"糊涂"，更非"难得糊涂"，而是真正失却了生命的方向。这时候可以导他以正信的宗教，以宗教智慧的明灯来为他照亮前途，也可以古圣先贤之言来为他指点迷津，等到拨云见月之时，必然是"柳暗花明又一村"的光景。

第四，他愚痴时，我要给他智慧

"愚痴"二字并非指"不聪明"，而是指执着于某人、某事，或是某一种的理论与信念而不得开解，在佛经当中甚至将"世智辩聪"列入"八难"之一。世间人"聪明反被聪明误"的例子不胜枚举，尤其是自命聪明之人，很容易自己画地为牢，或为自己圈入框框，最后自己却找不到出路，这就是一种愚痴，这个时候要给他智慧。

聪明与智慧如何分辨？聪明者，领悟力强，反应快速，但如果将这种聪明用来为一己之私，往往自缚手脚，如果将这种聪明用在利他之事上面，那就是一种智慧之举。凡事能思利他者，慈悲之心令人感动，而且招感许多善缘好运。

交到良师益友可以提升自我，开拓人生。做个良师益友，会在朋友当中得到知交，彼此相互提携，安慰鼓励；甚至夫妻之间如能建立良师益友的关系，家庭会有更多的和谐与成长。

良师益友

在人生旅程中，除了积累经验以增长智慧外，良师益友的提携，也是我们成功的关键。常言道："相交满天下，知心有几人。"在左右亲朋之间，谁是良师益友呢？像菩萨般关怀我们，给我们奋发向上的勇气；在心情沮丧时，激发我们的信心，或者遇到困惑不解时，可以彼此讨论，找出方向的人，都是我们的良师益友。

以下四点，提供给大家参考：

第一，正确指导我们的是老师

"师者，传道、授业、解惑也。"身边的朋友、同事，能正确告诉我们这个应该怎样，那个应该如何，常常喜欢教导、纠正、指责我们的，要当作是值得尊敬的老师，因为他肯花心思指导我们，所以应该感谢他，视他为老师。

第二，适中赞扬我们的是朋友

明朝大臣史可法曾说："君子能扶人之危，周人之急。且能不自夸，则益善矣。"朋友相处，最难能可贵的是适当地支持，适时地给予鼓励、赞美，甚至在赞美之中，也有开示，也有教导，这种关心，是爱护的表现，应该把他当作好朋友。

第三,谄媚奉承我们的是敌人

经常谄媚奉承的人,就不是朋友。在《佛说孛经》里说,朋友有四种,其中"如花"的朋友,是当我们美丽如花时,他会欢喜戴在头上,萎谢了就随意丢到地上;"如秤"的朋友,则是当我们地位高了,他就低下来,地位低了,他这个秤就翘上去。像这种如秤如花的朋友,时而卑躬屈膝、阿谀奉承,时而趾高气扬、见利忘义,就好像敌人一般不可靠。真正的朋友,应该如山如地,可以普载我们,可以让我们聚集和依靠。

第四,关心帮助我们的是恩人

在朋友当中,常常关心我们,帮助我们,无论是知识上的帮助、技术上的帮助、智慧上的帮助,还是理法上给予我们帮助的,都是恩人,我们都应该感谢他。在我们需要时,伸出关心、温暖的那双手,往往会让我们感激一辈子。

谁是朋友?谁是"敌人"?端看他平日与人相处的动机,就可以辨识出来。

交友的"药方"

朋友相处，双方都有要尽的责任。恶事要规劝，并且规范不再犯错；生病时要探视照顾；知道隐私也要紧守秘密；互敬互重，互相赞叹，不记怨，不断往来；贫相济，难相助，不相毁谤等，都是做人朋友应尽的义务。朋友的相处，难免会有些摩擦，好比机器磨损了，想办法修理就好了；身体有病了，用对药方也就能痊愈。朋友之间，也有十剂药方：

第一，好心一片

交朋友不可有企图心或不好的心，必须出自本心、真诚心、善心、好心与人交往。

第二，忍耐一时

好朋友发生口角是难免的，纵有一些误会、一些差错，一时的忍耐很重要；忍过了、包容了，就能够雨过天晴。

第三，布施五钱

君子之交淡如水，但是对朋友也该有些布施，如布施好话、布施鼓励，或布施一些金钱，为他解决困难等等。

第四，感谢万分

不要以为彼此熟识，不必言谢。朋友相处仍要存感谢之心，感谢对方的指导提携、感谢对方的鼎力帮助；感恩、感动的情怀，是友谊坚固恒久不可或缺的润滑剂。

第五，恭敬十成

尊重他人的同时，也会受到对方的尊重。即使是朋友，也要互相恭敬、尊重，如此，往来才容易顺畅。

第六，爱语三句

许多人以为朋友之间，不必讲什么好话，其实该讲的话，还是要表达出来，如朋友有成就，欢喜地为他喝彩；朋友做了好事，欢喜地给予赞叹；朋友受到挫折，心情沮丧，真心地说几句关怀的话。

第七，慈悲全用

对人慈悲、理性、耐烦，都是美德。对朋友慈悲，更是训练自己的容忍力；有情有义的慈悲，才能培养真正的友谊。

第八，信用始终

对朋友要全始全终地讲信用。平时相处、来往，如果不守时、不守信用，是交不到好朋友的。

第九，体谅一点

体谅是最美的释怀，因此朋友之间要互相信赖、互相宽容、互相体谅，有一点体谅，就可以保持一点情谊。

第十，方便不拘

对待朋友，更不能摆架子，常常在他需要时给他方便，助他一臂之力，也是当朋友应有的态度。

以上十剂交友的药方，若能时时服用，相信所交尽是善友，自己也会是人人称道的善友。

卷三 ｜ **工作之要**

工作是获得经济来源的主要管道；
如何工作顺利，
迈向理想报负得以实现的人生，
更是工作的主要意义。

上班以前

社会上，一般人为了家计，不惜一切地工作赚钱，往往忽略了自己的身体健康及心灵提升。所谓"忙！盲！茫！"忙到最后，身心疲倦、内心空虚。因此，适当地规划上班以前的时间就更显得重要了。"上班以前"有四点建议：

第一，10分钟盥洗

一大早起床，刷牙、洗脸外，洗个热水澡能使人精神焕发，有助于工作效率的提升。除此，盥洗能促进血液循环，放松身心，将使思考更为活络。每个人的生活习惯不一样，大部分的人选择在一天忙碌的生活之后盥洗，以消除身心的疲劳。其实，早上盥洗也是个不错的选择，能提神醒脑。在佛教里，盥洗不只是一种形式，还可以作为一种修行，如《毗尼日用》所说："洗涤形秽，当愿众生，清净调柔，毕竟无垢。"

第二，20分钟晨修

早晨的空气清新、环境宁静安详，是晨修最好的时间，无论是念佛、拜佛或是静坐、诵经都可以，为的是提振精神，让一天的生活都能过得心安理得，有所寄托；佛存在我的心中，自然会有力量，有力量则不会为琐事所困扰。一个人只要感觉内心拥有财富、拥有力量，对社会的服务也就永无尽期。

第三,20 分钟运动

运动可以舒活筋骨,让身心活动起来。早上一起床,心中无忧无虑,可以到公园里运动、散步,享受新鲜空气所带来的清爽,这不也就像是人间的天堂吗? 又如佛教的礼拜,不仅是修行,也是运动;可以拜出健康,拜出智慧,拜出清净,拜出光明,是很好的选择。

第四,20 分钟读报

科技发达,读报是获得信息的重要来源,它能促使我们与世界的脉搏共跳动,跟上时代的脚步。如果思想、意境不能与时代同步,不就会被淘汰了吗? 所以,工作再忙,也要给自己一点时间读报,借着用功吸收新知,督促自己与时俱进。

对于每天忙碌不堪的上班族来说,想要挪出一点时间充实自己,实在是一项难事。但是,如果你有心,愿意善用早晨的时光,那么,一切也就不成问题了。

工作之要（一）

父母教育子女长大成人，无非冀望子女找一份正当的职业，能学习独立自主；青年出了校门，也以在社会上谋取一份好工作，为自我成就。工作最神圣，服务最伟大；世界上的人，假如不工作，就难以活出生命的价值与意义。所以，如何工作，才能赚到人生真正的财富？有四点看法：

第一，勤劳为工作的态度

所谓"勤有功，嬉无益"。你要尽力工作，先要具备勤劳的态度。勤劳，必定是事业成就的关键，也是一个人获得成功的桥梁。像"焚膏继晷，兀兀以穷年"的韩愈，由于"业精于勤"，才能成为唐宋八大家之首的大文豪；而二十载恒"昼课赋，夜课书，间又课诗，不遑寝息"的白居易，也因为"早作夜息"而登上古代诗歌创作艺术的巅峰。历览古今中外，勤劳者留下了硕果累累，懒散者却是两手空空。所以，勤劳才能成功，勤劳的人才能为人所欢喜、接受。

第二，节俭为工作的方法

工作的质量，并不是用财富、金钱堆积得来，而是要用智慧才能做出工作的意义，工作的价值。过去桀用天下而不足，汤却用七十里而有余，证明金钱、时间、人力、物资都可以为我所善用。所谓"聚沙成塔，集腋成裘"。为了节俭，你的智慧会从工作中生出，所以节俭是穷人的财富，是富人的智慧。只有"啬于己，不啬于人""当用则用，当省则省"，效法君子以俭来立德，而不学小人以俭来图利，发挥适当的用度以创造，才是真节俭。

第三，融和为工作的根本

在工作中，如果自己刚愎自用、独断独行，一定不能得到别人的助缘；如同天地间四时的节气，和煦就繁殖万物，寒冷就消蚀万物的生机。融和，在工作上是很重要的润滑剂；廉颇因为向蔺相如负荆请罪，而有了令后世称道的"将相和"。以现实层面来说，有了融和的心意，处在任何时刻都是和谐无碍的。所以佛教讲"横遍十方，竖穷三际"。古谚所说"泰山不辞土壤，大海不捐细流"。都是很好的说明。因此，做人要有容纳异己的气量，才能有远大的未来。

第四，谨慎为工作的原则

雨果说过："谨慎比大胆有力量得多，看起来什么都不怕的人，其实是多么害怕对什么都小心的人。"孔子也说："敏于事，慎于言。"其实就是一种谨慎的态度。做任何事应该要瞻前顾后，谨慎地顾虑好各种关系。所谓"祸不入慎家之门"，有的人必须吃了亏，才知道事前要谨慎，以避免一失足成千古恨，一步差致千里远。所以古人"御狂马不释策"，纵马奔驰的人不贪求最前，也不怕独自落后，只求谨慎，不敢大意。

爱迪生曾经说过："天才是百分之一的灵感，百分之九十九的血汗。"说明了勤耕自有丰收日，时光自是不负苦心人。如果我们能够掌握工作的要点，就接近事半功倍的理想之道了。

工作之要(二)

工作是获得经济来源的主要渠道；如何工作顺利，迈向理想抱负得以实现的人生，更是工作的主要意义。有的人工作不够认真，遭主管反感；有的人工作没有信用，人家不愿意跟他合作；有的人工作没有理想，只能划地为牢。怎样工作才能迈向成功？有四点意见：

第一，诚信为工作的宗旨

一国之君如果说话没有诚信，就会失去百姓的拥戴；一个主管如果经常三心二意、朝令夕改，就没有属下愿意配合政策。历史上商鞅变法之所以能推行新政，就是因为他重视对百姓的诚信。过去孔子提倡"与朋友交，言而有信"。一个人若是轻诺寡信，必然自食其言，破坏与人美好的关系，也会降低自己的价值。所以，无论做什么事，最要紧的是要让人感觉你很真实，很有信用；有了诚信，会树立良好的形象，会给人带来安全感，工作就不难开展了。

第二，负责为工作的要领

工作的伙伴，有的人居功诿过，功劳我自己承担，过失则推卸给别人，这是没有担当的勇气。我们要学习负责任，好与不好，我都要能担当，我都要能恪尽职守，如此就不怕没有学习与升迁的机会。在荣耀满身的肯定中，可以获得光芒的加冕；从承担失败里，也能记取经验的智慧。勇于负责者能忠于事，必能值得托付；一个人只要肯负责，世间就没有什么解决不了的事。所以，勇于担当的人，未来必定充满希望。

第三，研究为工作的中心

现在无论做什么事，都需要有周密的计划，心中要备留几个方案，多加研究，工作才能做得更好、更进步。研究，是一种琢磨，棱角可以磨平，好的意见可以提炼出来，瑕疵的毛病能够化解掉；经过研究所得的方案，更能接近、符合大众所需求的目标。所以，研究为工作的中心。

第四，发展为工作的目标

工作要永续经营，就不能墨守成规，不能太过保守，一定要开拓新的领域、探索新的知识。一粒种子，向下发展能扎根稳当，向上发展能长成参天大树。所以"发展"会走出道路来，只有像种子一样伸展开来，才能得到阳光、空气、水分，才能看到开拓以后的美好天地。像王安石、龚自珍的"更法改制"，王夫之、谭嗣同的"革故鼎新"，无非都是为了"发展"的目标。只有不断地发展，才能进步，保守就是落伍，所以发展是工作的目标，一种有未来性看法的远见。

"海阔凭鱼跃，天高任鸟飞"。工作的大舞台，可以提供我们竞技才华，让我们有充分的用武之地。但是如何在工作中施展抱负，开创人生的意义与价值，有其必要的条件。以上四点，值得注意。

问题的处理

人，每天都要面对很多问题，只要早上睁开眼睛，就有各种好的、坏的、家庭、情感、金钱、事业等一大堆问题，等待考验你的智慧。有能力的人，善于处理问题，没有能力的人，面临问题手足无措，可以说，具备处理问题的能力，是现代人生存的重要条件。如何处理问题才能"理事圆融"，有以下几点看法：

第一，不要扩大问题

在处理问题时，中国人有一套"大事化小，小事化无"的哲学。有时候，把不必要的问题轻轻带过，反而消弭于无形。有些人喜欢制造问题给别人负担，明明是芝麻绿豆大的事，却弄得大家鸡犬不宁，自己也得不到益处。禅门里讲"饥来吃饭困来眠"，不要让一些无谓的问题自我困扰，生活才能随遇而安。

第二，不要低估问题

有些问题的确具有严重性，不可以低估，尤其牵涉人事、金钱、是非的问题，一定要妥善处理。甚至在一些竞赛场上，因为优势而产生的傲慢，看不清自己需要加强的缺失、需要弥补的漏洞，以致低估了别人的力量，眼看胜券在握，却失之交臂。如历史上，三国的关羽"大意失荆州"，法国拿破仑"滑铁卢之役"，都是过度自信，低估问题，才招致失败。

第三，不要复杂问题

有了问题，应该要让它单纯化，不要过于复杂，如果又把别的问题混杂进来，只有更加难解。六祖惠能大师说："惠能没伎俩，不断百思想，对境心数起，菩提作么长。"生活中的一切，事情琐碎繁重也很烦人，许多事不必要想得太多、钻牛角尖，随来随遣，能够简单化，问题自然容易处理。

第四，不要执着问题

问题来了，可以有许多不同的解决方法，重要的是不能执着，让问题从心上排除，才是究竟之道。一休禅师的徒弟始终放不下"师父背女人"的心结，让自己平白增添许多烦恼。

解决问题要像一个挑重担的人，能够适时地放下，才能享受"如释重负"的轻松自在。

佛陀是最能够"处理问题"的人，面对生老病死，他投入整个生命去体证解脱的方法；面对亲情、感情他用智慧、理性、慈悲来解决升华；遇到人我是非，他则用平常心及实际的行动来处理化解。总之，处理问题除了表明自己的立场外，也要能够为对方设想，不让对方吃亏，这才是解决问题的高手。

如何获得荣誉

世界上每个人都有很多的理想、要求，要求显达、要求广博、要求道德、要求第一……想要达到理想，必须先自我管理，要求自己有荣誉感，激励自己往目标前进。好的名誉不是天上掉下来，也不是别人能够送给你，要靠自己不断勤劳，不断辛苦，不断牺牲奉献，才能获得。如何获得荣誉呢？有四点意见：

第一，处事要有道德勇气

和人相交，不能是非不分，唯利是图。孔子说："不义而富且贵，于我如浮云。"又说："己所不欲，勿施于人。"与人共事，要让对方觉得自己讲义气、守信用、有承担力、讲究人格；不为利益交往，但以正义维系的道德勇气，就是做人处事的原则。

第二，待人要具诚实作风

每个人都希望别人对自己好，希望得到他人赞美。佛陀常常教导弟子，做人要说诚实语，说话不矫饰、不言过其实，不说谎、不咒骂、不挑拨是非。为人要诚实，交友处事如果诚信、诚恳不足，连自己也要多心；相反的，诚恳待人、做事实在的人，必能获得别人的信任、重用，不但做事容易成功，荣誉也会跟随而至。

第三，言行要能福国利民

一个人平常的言行，身边的人都在替他打分数。有一次唐太宗对近臣说："朕每日坐朝，欲出一语，即思此言于百姓有利益否，所以不能多言。"我们平时讲话也应注意，话多无益，不如不说；要能说好话，说有意义的话，说有利于国家、社会的话，大家对我们的印象，才会一分一分地增加，甚至会从不及格加到满分。

第四，工作要肯热忱奉献

工作的时候，如果偷懒、取巧、虚伪，甚至推卸责任，偷工减料，货品不真不实、偷工减料，都是别人所不欢喜的。一个人要"伟大"，必须付出许多辛劳，好比一栋房子的完成，是许多砖瓦的堆积，工作上要让人家肯定、赞美，也必须有热忱的奉献。

学功夫需从马步蹲起，成圣人必从小善做起，交朋友要能真诚相待，成就要靠点滴积累。天下没有一蹴而就的辉煌，如何获得荣誉，要能做到以上这四点。

处理过失的方法

子贡曰："君子之过也，如日月之食焉：过也，人皆见之；更也，人皆仰之。"每个人都难免会有过失，重要的是犯了过失，我们能忏悔，肯改过吗？能够不闻其过，过而能改，才难能可贵。我们怎样处理过失，有四点意见：

第一，辩过不能息谤

一般人在遭到毁谤时会极力争辩，但是，往往误会没化解，谤言也未能止息。其实若真有过失，遭人批评，只要欣然接受，真心改过就好；无过，受人冤枉，也无须辩驳纠正，因为误会总会雨过天晴。谤言止于智者，所以，面对毁谤应以不辩为明。

第二，有过不能辞谤

一个人犯了过错，要勇于承认自己的错误，不能说推辞、推诿的话，能够诚恳接受纠正，诚挚发露表白，痛悔前愆，别人也会给予安慰鼓励。《资治通鉴》言："仲虺赞扬成汤，不称其无过而称其改过；吉甫歌诵周宣，不美其无阙而美其补阙。"由此可知，懂得改过向善的人，能赢得别人的称扬。

第三，无过不能反谤

没有过失，却受到别人的冤枉、委屈，一点也不辩论，这种忍辱，对一般人而言是不容易的。其实日久见人心，时间会为我们洗清一切，所谓"人来谤我我何当，且忍三分也无妨"，别人写文章毁谤我们，也不过是只字词组，何足挂心；用言语骂我们，也只是声音，这些都不必去记恨，只要我们行事磊落，问心无愧，毁谤不但伤害不到我们，反而是增加力量的逆增上缘。

第四，共过不能推谤

有功归自身，有过则推得一干二净，这种居功诿过的人，是没有人愿意与他共事的；真有过失，也推卸不了责任。

如果遇到"共过"，自己还能勇于承担，就更能赢得别人的尊重，像西汉卫青与李广共战单于，卫青把单于走失的责任推给右将军赵食其，一身正直的李广却把责任担在自己身上，愿代责受审，无畏受罪，反而赢得众人的钦敬。

一个人有了过失，最怕不知悔改，又自怨自艾，如果能发露忏悔，就能坦然释怀，民国时期上海世界学校校长陶觉曾说："人人须日日改过，一日无过可改，即一日无步可过矣。"有过失没关系，懂得以智慧处理化解，才是首要的。

认错的好处

没有人喜欢犯错，但是犯错并不全然都是坏事，因为人之大善，在于知过能改，能够力求改正，错误反而会是成功的奠基石。认错也不一定是下对上的关系，有时父母对子女、老师对学生、老板对伙计，乃至领导对下属，若能勇于认错，人际之间必定温馨祥和，美妙无比。认错有四点好处：

第一，受人敬重

历史上，大禹"闻过则拜"，所以为人尊敬；历代君主如汉武帝、康熙等，曾下罪己诏，而为后人称叹。美国总统克林顿闹出绯闻案，但勇敢公开向全美人民道歉，终能获得大家的谅解。"认错"不但不会贬低自己的身份，反而赢得更多的尊重。可惜的是，很多人不明白其中的奥妙，行事强横，不肯低头，最后成了最大的输家。

第二，提升向上

佛教十分注重"认错"的修持，除布萨、三番羯磨外，还有各种忏悔法门，借由这些法门，可以自净其意、向上提升。犯错而知悔改，能够长养内心清净的种子，能与真理相应、与正法感应道交，提升生命向上的力量。

第三，认清自我

人如果没有时时自我省察，认清自己的长短缺失，很容易得意忘形而失败。好比项羽不认错，自刎于乌江，临终前还喊着："天亡我也！天亡我也！"反观刘邦和曹操，因为听从谏言，改正过失，而成就霸业。人的成败得失关键，与能否认错有密切关系，能够认清自己，改变错误、习气，修身修德，才有美好的未来。

第四，身心改造

我们常常为了保护自己、推卸责任而与人争吵，其实，认错未必是输，认错不但表现个人修养，反省自己，改造自己，甚至化暴戾为祥和。现在科技讲"基因改造"，我们在无明愚痴中，也应力求"身心改造"，才能从根本上解决烦恼。

贤能的人不以无过为贵，因为人会从错误中成长。《万善同归集》云："诸福中，忏悔为最，除大障故，获大善故。"智者改过迁善，愚者文过饰非，能够勇于认错的人，进步得快；若凡事觉得自己有理，死不认错，只能原地踏步，甚至退步了。因此，认错有以上四点好处。

面对问题

　　人生中，每天在我们面前都会发生好多问题，比如财务、感情、事业、未来、人际、交友等等，这许多问题不能不面对、不解决。你面对了、解决了，才能自在安乐；不面对、不解决，只有痛苦、挂碍、烦恼，如何学习面对问题，进而解决问题？有四点意见如下：

第一，要诚实信用

　　要想解决问题，人家都看你有没有诚意。假如你没有信用、没有诚意，问题就没有办法解决。所以，要给人感觉到"我是很诚心的""我是遵守信用的"，讲清楚、说明白，自然有办法解决。就算解决得不够圆满、努力得很辛苦、遇到再大的困境，相信也能得到大家的谅解，否则虚晃一招、欺瞒蒙骗或逃避责任，只会坏事。

第二，要亲切和善

　　解决问题不是吵架、不是争执，吵架、争执不能解决问题。问题的解决一定与人有关，因此态度要和善柔软，才能获得对方初步的接受。如果你横眉竖目、板着面孔、高声呼喊、官僚气势，只会增加难度与复杂性。能够采取亲切、和善的方式沟通协调，才是解决问题的上策。

第三，要为人设想

解决问题如果是为个人设想、以自己的利益为前提考虑，不但不能解决问题，反而显得自私、执着，甚至彼此各据立场，只有各说各话，不欢而散。解决问题，必定要着眼在"为人设想"，谋求共同的利益，你知道对方需要什么，了解对方在乎的症结在那里，只要结打开了，问题就容易解决了。

第四，要自我吃亏

有谓"要成功，必须忍耐；为求全，必须委屈"，一个人只要肯自我吃亏，就能解决问题。能吃亏的人，必定胸襟比别人大，气度比别人高，他能为大局着想，宁可自己吃一点亏，利益给你多一点，分钱我少一点，做事我多做一点，东西我少拿一点。他知道利益是暂时的，仁义道德是永久的，他能自我吃亏，所以能够解决问题。

问题发生了，躲也躲不掉，逃也逃不了，唯有面对问题，才能解决问题。能用以上四种态度面对问题，世间就没有大问题了。

严与宽

有的人做人很严、做事很宽，有的人做事很严、做人很宽，究竟是严好呢？还是宽好？严有严的纪律，能够整肃精神，但过于严格，容易让人喘不过气；宽有宽的委婉，较有空间发挥，但过于宽松，就会变成懈怠。所以，严与宽，要能够中道，有以下四点：

第一，定法要严、执法要宽

一个机关团体，人数多了，就需要制定适合人人遵守的规则，来维持团体的纪律，建立团体的形象。守则是管理众人的纲本，因此在订定上必须周全严密。但是执法的人，在实行的时候，要审视情况因缘，有时也要兼顾"情理法"，让他感觉受到一点宽容、优待，他反而会感恩图报。否则，所谓"一朝权在手，就把令来行"，执法太过严苛、官僚，别人也会不服气。

第二，对己要严、待人要宽

一般人习惯原谅自己，却严厉要求他人，这样"宽以律己，严以待人"，其实是反其道而行之，不但让人远离避之，而且容易遭到反弹，甚至惹来麻烦。这世间是众人成就而成的，有别人才有自己，没有别人，也就没有自己，因此，对别人要宽厚一点，多包容一点，多留一点空间，多留一点路给别人走，这才是做人之道。

第三，居家要严、处众要宽

一般人居家时，大多觉得这是在家里，可以轻松一点、随意一些，比较不会顾及礼仪。这原本无可厚非，但如果家居生活过于放逸、不正派，对儿女的教育也会有不好的影响，因此居家也要严谨。反之，假如在处众时，流露耀武扬威、高倨严厉的样子，这样的形象，让人不敢恭维。因此，处众要慈颜悦色、要宽大祥和，让人有如沐春风之感，做人和平、和谐，才会有好人缘。

第四，大事要严、小事要宽

有的人对大事马马虎虎，对小事却斤斤计较，这就叫"大事无能，小事执着"，轻重把握不当。大众的事，一定要依法、依大众、依会议行事，不能随便马虎，大众也要严格遵守奉行。至于小事，只要无碍于大众公约，无关紧要，无伤大雅，就可以宽大一点，不必事事锱铢必较，也就不用太过辛苦执着。

严与宽，要如何抉择呢？当严要严，当宽要宽，有时要严中有宽，有时要宽中有严，能够处理中道，那是最好的了。这四点严与宽的原则，可以参考。

谈判高手

现代社会交通、人际、事业往来关联密切，不能再是单枪匹马孤军奋战，许多事都要靠合作、靠谈判才能达成。

国家和国家要谈判，士农工商、公司团体之间要谈判，校长和老师谈判，甚至老师也要和家长、学生沟通谈判，乃至买房子、找工作，也需要谈判签约。什么样的条件才算是"谈判高手"呢？有四点如下：

第一，要耐心协调

一上谈判桌，就不是三言两语能解决，甚至不是一回合、二回合，可能还要多少次的你来我往。最重要的，要能耐心协调、沟通、纾解。

谈判时，要保持沉着冷静，不急不躁，敞开心胸承认对方的好处，而不是一味攻击、批评，否则就谈不下去了。因此，具备耐心、协调、沟通，是谈判的第一步。

第二，要谋求共识

会谈判，就是由于彼此立场不同，要消除双方对立的形势，就需要先达成共识。如果谈判时，牛头不对马嘴，各说各的话，尤其最怕没有法则、没有轨道、不合情理,那当然就谈不成了。因此要以谋求共同的利益为出发点,如此才能消除鸿沟、建立共识,才能创造"双赢"的局面,这才是达到谈判的目的。

第三,要体谅对方

西方有句话:"穿上顾客的鞋子",意思就是互换立场,设身处地为人着想。最成功的谈判,不光是讲说自己的利益,要求人家来接受我们,而是站在对方的立场,为对方的利益考虑,懂得他的需要、他的重点,你体谅他的立场,所谓"解决对方的问题,就是解决自己的问题",谈判的结果,才能皆大欢喜。

第四,要彼此尊重

谈判不一定在于会讲话,而是在于彼此尊重。假如你不尊重对方,对方也不尊重你,互相不尊重,如何进行下去? 因此,在谈判之前,要让对方觉得你是君子、有诚信,有道德,能够公正、公平地来谈。对方也会想,我要给你信任,我不会让你吃亏,甚至你想不到的我都帮助你。在互相信任之下,谈判就能成功了。建立在彼此尊重基础上的谈判,就不会把自己的利益绷得太紧,即使破裂了,也比较容易找到替代方案,留有余地,未来会有转圜的空间。

《三国志》云:"夫用兵之道,攻心为上,攻城为下,心战为上,兵战为下。"谈判也像战场,要懂得他人的心理,耐心倾听,彼此尊重,建立共识,体谅立场,就会达到谈判的效果。

拒绝的艺术

人与人相处，经常会有一些事情的往来，有时我求助于人，有时人求助于我，大部分的人都愿意尽力帮忙彼此。不过，有些事情不能、不会，或是做不到、不愿意，难以做到"有求必应"时，那也只有拒绝了。拒绝最好能有个替代，不要毫不给人留面子，贸然拒绝、悍然拒绝，那不但容易破坏情谊，也会失去许多因缘。所以，拒绝要有拒绝的艺术。"拒绝的艺术"有四点：

第一，不要立刻拒绝

当别人希望得到我们的协助时，即使自己做不到，也要深表同情，鼓励他、安慰他，接着再说明自己的困难点，才不致让人感觉你冷漠无情，没有商量的余地。因此，学习"如何婉拒"很重要，虽然自己做不到，但也不要得罪人，才不会伤感情，造成遗憾。

第二，不要生气拒绝

拒绝别人时，态度表现不能过于强硬，能够口说和善的语言，面呈亲切的颜色，是最能给予彼此空间的。否则你一出口就是"我做不到！""你这个不好、那个不对！"怪你、怪他，造成对方的怨恨，让人不能释怀，甚至导致友谊破裂，未来再见面时，那就很尴尬了。

第三，不要无情拒绝

当一个人埋怨对方时，总会说："这个人无情无义""那个人自私自利""那个人不好交往"。因此，给人"无情"的印象，就会失去很多朋友。所以情义是很重要的，要时时给人欢喜、给人帮助，不得已要拒绝的时候，也要道歉，求得他人的谅解。

第四，不要轻易拒绝

当别人有求于我时，不要轻易拒绝，应尽可能地给予帮助，帮对方考虑问题的困难所在，提供一些参考意见。或许你实在无力承担，对方也会因为你的诚意，进而让他同情你，谅解你的拒绝，如此，才是最高的拒绝。

做人难、难做人、人难做；与人相处，如果没有艺术，容易得罪人。因此，不得已要拒绝时，当婉转曲折、好言好语，让对方能接受；只要处理得当，有帮助地"拒绝"，不傲慢地"拒绝"，有出路地"拒绝"，造成的伤害就会减少。拒绝要让对方感到欢喜，拒绝对方要有艺术。

永续经营

现代人的生活，凡事都讲"永续经营"。经营人生、经营家庭、经营事业、经营公司、房地产……有形的物质生活，无形的精神生活，一切都要经营。经营也不一定都是为自己求名求利，尤其想要永续经营，有以下四点意见：

第一，经营情义，不经营利害

有人问什么是情义？这是一种往复循环、互相交流的感情，一切众生莫不具备。很多人慨叹今日社会的尔虞我诈、斗乱纷争的病态，其实，如果我们能从消极的等待，转为积极的实践，从被动的接纳、乞求，到主动的付出、给予，从布施小恩小惠，扩大到为对方着想；从身边亲朋好友，推及世间一切众生，经营情义，不经营利害，那么，何处不能情义盎然？因此，对于世间有情有义的事，多用一点心，把它经营好，不计较利害，不计较是非，整个世界会充满情义。

第二，经营分享，不经营个人

经营必须靠集体创作，因为无论什么事，都是要靠大家一起来才能完成，不要把功劳、成就、利益都归于自己，太过个人主义，就不能得人心。因此，不经营个人而经营分享，你把经验传承，把功德分享给大家，会获得大众的认同、获得共同的利益，那么团队所成就的，也是个人的成就。

第三，经营善友，不经营钱财

钱财太多，不一定能救你、能帮助你，甚至有时候钱财多了反而害人，因此，我们不见得一定要经营钱财，但是要经营朋友。尤其结交慈悲、善良的朋友，是人生最大的财富、最大的支柱。善友不怕多，甚至多多益善，到了要紧的时候，个个都会拥护你、帮助你，为你分忧解愁，给予你精神鼓励，你就有勇气承担一切。

第四，经营福慧，不经营五欲

经营财色名食睡五欲，会使人贪得无厌，令人神迷心乱，失去理智定力，人生最好是经营福慧。有福，生活会很好，日子会平安；有慧，烦恼会减少，思想会明理。佛门讲"皈依佛，两足尊"，两足也就是福德智慧两全。有云："修福不修慧，大象披璎珞；修慧不修福，罗汉应供薄。"有福没有慧，虚浮不聪明，有慧没有福，吃饭都艰难。因此要经营福慧，自然福德因缘具足。

农田需要不断地灌溉，稻谷才会成熟；生活需要不断吸收智慧，生命才能扩展。经营有形的外在，容易失去；经营无形的恩德，偷盗不去，也流传万古。

失败之因

世界上有许多成功者，对世间作了许多贡献。热心公益者，福国利民；商人巨贾货通有无，带动经济成长；道德家睿智德行，受人崇敬；音乐家创作音乐，美化心灵，这些都为世间留下成就和美好。

相反的，也有许多失败的情况，大则祸国殃民，危害世间，小则自伤自害，无尽苦恼。失败的原因很多，列举四点说明：

第一，责人而不责己

有的人总是推诿，总是要求别人、责怪别人，却不责备自己，不检讨自己。错误没有检讨，过失没有改进，怎么会成功？韩愈《原毁》中说"古之君子，其责己也重以周，其待人也轻以约"，所以人人乐与为善；许多人"责人也详，其待己也廉"，因此很难相处。倘若一味地责备他人而不反责自己，那么离失败就不远了。

第二，排拒而不接受

别人跟我们讲话，提供好的意见，我不接受；或者我对你印象不好，即使你有好的想法，我也拒绝；乃至对于别人做好事、有功劳，我排斥、不欢喜，这些都是智慧不够，认识不足，容易失败。不好的东西，是要拒绝，但是善美的事物，应该要纳受。佛陀曾以四法教诫罗睺罗：器覆、器漏、器污、器满，都是不能堪受佛法的。同样的，想要成就功业，也必须排除这些不接受善法的弊病。所以，我们要不怕大、不怕多，广纳意见，多多益善，就容易成功。

第三，近视而不前瞻

有的人没有前瞻的远景，他只看今天，看不到明天、看不到明年，甚至看不到未来；也有的人只看小部分的人，他不看大众，更不为多数的人着想，只想眼前一时的短利，不想无限的未来，这样怎么不失败？将眼光放远一点，只要与人有利的事，要多赞助、多鼓励，多将欢喜给人，彼此互助互利，裨益更多的人，才能创造双赢的局面。

第四，自私而不为公

有人为了一两元钱、几粒辣椒，可以和小贩争执半天；也有人为了几百元交通违规罚款，拿更多的钱去打官司，这些都是很划不来的。所谓"心量有多大，成就有多大"。如果，什么东西都先从私心着手，只想自己多赚一点，自己多放一些假，有什么利益先给我，处处把自己摆在前面，别人摆在后面，彼此交相争利，那肯定是会失败的。

地无私载，凡事承担，所以称其厚；天无私覆，凡事包容，所以称其大；日月无私照，没有私心，所以称其明。要有人缘，必定要为别人着想；想有成就，则要高瞻远瞩，吸取点滴善美，厚实人格内涵，才会迈向成功之道。

要求什么？

在生活中，我们经常会要求这个、要求那个，满足心中所求；也会要求别人给我们尊重、给我们名声、给我们支持、给我们利益，甚至会要求别人符合我们的标准、目标。要求外在条件的满足、要求别人认同我们之外，对自己的人生、生活、做人、处事要求什么呢？有以下四点意见：

第一，规律行为

我们的语言、动作，做人处事，一举手一投足，都要有规律，要能合理，懂得别人的需要。规律是戒财，不依规律，就容易放纵，放纵自然就会堕落，自然会有不正的行为，做人没有原则，做事没有章法，如此，别人怎么会看得起我们？所以，规律是一切正当行为、生活必要的准则。

第二，正见信仰

人活在世间上，除了要求种种的生活以外，还需有一个信仰。这个信仰，并没有宗教上一定的限制，比方对国家的信仰、对宗教的信仰、对朋友的信仰，乃至对人生目标的追求，无论信仰什么，重要的是要有正见。正见是明理，不明理，别人不要跟我们相处；正见好比照相的光圈焦距，调整稍有差错，照出来的相片就会模糊。一切人、事、物，没有正见，看错了，对这个世间就看不清；不明理，人生就会糊涂，不知何去何从，因此，信仰上要有正见。

第三，勤奋工作

人都要工作，没有工作，也就显现不出意义。工作时，你不能懒惰，懒惰没有人欢喜，只有让人失望。你也不能懈怠，所谓"今日事、今日毕"，一天的事情，你做了两三天，拖拉、推托，只有让人家感到跟你合作很痛苦、很急迫、赶不上节拍。因此在工作上，你必然要勤奋、快速，别人才能对你产生信心，觉得你可以让他付托责任，交办事项。

第四，简便生活

在生活中，衣着过于追求绫罗绸缎、华丽高尚，只有感到"衣橱里永远少一件衣服"；饮食一定讲究珍馐美味，我们的胃却像无底的黑洞，永远没有填满的一天；再大的房子，你也要整理打扫，再好的车子，你也要给它保养维护。每天为了追求物质的满足，只有疲累不堪。假如生活上，凡事都能简便一点，会过得很自在、很逍遥。说话简便一点，做事简便一点，简便的人生，生命会长久；简便的生活，自己好，别人好，大家都好。

要求别人符合我们的想法很难，不如先要求自己比较容易。一个有智慧的人，会从以上四点自我要求做起。

守时的重要

守时能使人生活不懒散，进而奋发积极；守时是对他人守信，必能获得人和；守时是守法的基本，自能受人尊敬。有时，守时也关系到国家的安危。战国时期，各诸侯国征战不休，连吃败仗的齐景公派田穰苴将军，与宠臣庄贾领兵回击。受景公宠爱的庄贾因骄横狂妄，未按约定时间到达军营，田穰苴因此将庄贾就地斩首。由此可知，守时是自古以来，攸关成败安危的关键。

守时的意义有下面四点：

第一，守时是社交的礼貌

当我们跟别人约好时间，就不能迟到。常有人约会迟到了，就振振有辞地说："因为堵车""因为临时有电话""因为出门前有访客"……这些都不是理由；"不浪费别人的时间"，才是最好的理由。你已经与别人约好了时间，就不能迟到，因为这是失礼的行为，而且在商场上，如果迟到了，可能因此会丧失合作的机会，所以守时是社交的一种礼貌。

第二，守时是生活的义务

在职场上，上下班要守时，交货、付款要守时，这是职业的基本道德；在生活中，上下飞机要守时、搭乘火车要守时、参加社会活动也要守时，这是国民基本的礼仪；学生上下学要守时，吃饭、睡觉、交作业、交试卷，也要守时，这是青少年应有的学习态度。所以，守时是生活中的一种义务。

第三，守时是领导的需要

守时，就是惜时，就是对他人及对自己的尊重。一个领导者，要能让部属对他的领导服从，守时是最基本的要件之一。如果领导者上班迟到，开会也迟到，如此会让部下对他的言行不信任，甚至于也会对他的领导产生怀疑。所以，守时是领导者的一种需要。

第四，守时是人类的文明

守时是文明进化的产物，愈是先进的国家，对守时的观念愈是注重。俗语说"时间就是金钱"，凡事讲求高效率的现代，守时已是做人处事、交际往来的重要课题；在分秒必争、讲究服务的今日，守时已是代表信用、重视顾客，以及对他人尊重的行为表现。所以，守时是人类的一种文明。

时间可以成就一个人，成功的秘诀在于守时，有时间观念，这是一种信用。

如何说话

说话，是人与人之间沟通的重要方法与渠道。在一个团体里，说话得体、妙语如珠的人，必会给人留下深刻的印象。尤其人与人之间的往来，说话得当，可以增进人际的和谐。所以，"如何说话"，有四点意见：

第一，要说欢喜的禅话

在日常生活中，我们要常说"给人欢喜"的话，才能调和人际间的关系；"禅话"就是让人觉得幽默又有机智的语言。在一个团体中，常说欢喜的禅话，可以化解紧张的气氛，增加生活的快乐；常说欢喜的禅话，可以让严肃刻板的生活，显得洒脱自在。所以我们要常说欢喜的禅话，让别人喜欢与我们说话。

第二，要说诚实的真话

子曰："知之为知之，不知为不知。"做人说话要诚实，才能坦然；如果说话不诚实，会让自己处于担心被识破的恐惧中，而让心神不能宁静。尤其常常说话不实在的人，将如"放羊的孩子"，久而久之，即使说出实话，别人也不会再相信他。所以与人相处，要说诚实的真话，才能获得别人的信任。

第三，要说尊敬的美话

说话要说美丽的话、要说动听的话、要说让人欢喜的话。如何才能说美丽、动听的话呢？孔子说"乐道人之善"；孟子亦"戒言人之不善"。对他人的善行要说赞美的话，对他人的成就要说尊敬的话，对他人的服务要说感谢的话，对他人的进步要说鼓励的话；说话能让别人听了感到欢喜，觉得受到重视，别人也才会回报给你善言好话。反之，如《礼记》说"言悖而出，亦悖而入"，所以我们要说尊敬的美话。

第四，要说利人的好话

孙子言："赠人益言，重于珠玉；伤人以言，甚于剑戟"。在说话之前，我们要先扪心自问："我说出来的话，是想要对别人有所帮助的吗？"如果这句话说出来对别人没有帮助，甚至有所损害，那就最好不要说。因为对别人无利的话，会伤害别人的前途与名誉，有时还可能让人陷入痛苦的深渊之中。所以，说话要说利人的好话。

每个人每天都要说话，我们要说什么样的话呢？除了不恶口、不妄言、不绮语、不两舌之外，尤其要说有益于人的话。

机会

　　人的一生总希望遇到很多好的机会，但是机会是随顺因缘的，是不会等待的，是要我们及时把握，甚至要靠我们主动争取创造的。西谚云："天才是时时刻刻寻找机会，他们愿做别人不愿做的工作，永远不怕做别人从来没有做过的事。"即使是天才，也要比别人付出更多，把握机会努力。面对机会有几种情况呢？以下四点：

第一，脆弱的人等待机会

　　居里夫人说："弱者坐待良机，强者制造时机。"一个胸无大志、立无大愿之人，只会等待别人关心、爱护，等待机会降临，殊不知在等待里，消耗了多少的希望与雄心。乐观的人，在不幸、失败中，都能看出好机会；悲观的人，即使处在好机会里，也都只看到不圆满。生命有限，时间不会容许你三等四拖，因此，不要缅怀过去，不要妄想未来，要及时奋发图强，努力振作，切莫因为等待而消磨人生，白白空过。

第二，勇敢的人把握机会

　　有语云："没有机会时，广结善缘；机会来临时，及时掌握。"人生的机遇可遇而不可求，往往在一瞬间稍纵即逝，今天有的，明天

不一定会再有，勇敢的人不但能认清时机，还能够起身行动，不管
成功与否，都会从中学习，再创更多的机会。但是如果犹豫不决，
不能当机立断，只有让机会空逝。因此，人生每个转折点，要懂得
把握，不要等事过境迁再来追悔，那就可惜了。

第三，敏捷的人运用机会

才思敏捷的人，不但能掌握机会，甚至还会利用机会为自己、
为他人创造因缘，造福大众。像苏格拉底说的："最有希望的成功
者，并不是才干出众者，而是能善于利用每个时机去开拓发展的
人。"所以训练自己敏锐的思考、独到的眼光、宽广的远见和积极的
行动力，运用机会，会迈向成功之路。

第四，能干的人创造机会

培根说："智慧之人所创造的机会，远远超过他能遇见的机
会。"一个大好的机会，可能因为懒惰而化为乌有，普通的机会，却
因勤奋而变成良机，因此，要成就一个目标，与其坐待因缘行事，不
如创造因缘机会，如同台湾公益平台基金会董事长严长寿说："从
弯腰中创造机会。"一个有能力之人，无论环境好坏，都能打破困
境，适时制造良机，不断学习，创造自己的舞台。

机会在每个人的手中、眼前、脚下，只要多培养福德因缘，种子
播下了，还怕未来没有成熟的因缘吗？世间人给我们成就的机会，
我们也要懂得回馈别人。如设校办学，让莘莘学子有求知的机会；
成立生命线，让苦闷心灵有解救的机会；建造佛堂，让大众有净化
身心的机会，彼此成就，就能为未来创造更多好的机缘。如何面对
机会，以上四点，值得我们深思。

选择

人的一生，时时都在选择，选择好的居住环境，选择适合的日常物品，选择可口的饮食，甚至出门在外，选择搭公交车还是坐火车等。有时候所作的选择并没有绝对的对与错、好与坏，只是随个人的喜好不同而抉择；但有时候一次的选择，却会影响个人的一生，甚至扩及全体民众，这时就不得不慎重选择了。以下列举四点，提供参考：

第一，求学要选择良师

人的学习，虽然始于家庭教育，但是正式的受教，是从进入学校开始。一个人的学识、道德、人生观的建立，学校里的师长可以说占有举足轻重的地位。古来多少伟人的成功，莫不得力于良师的指导与鼓励，例如海伦·凯勒就是一个人所皆知的例证，所以求学要慎选良师。

第二，共事要选择良友

"良师""益友"，自古就是人生的两大幸事。求学能得良师指导，固然属幸；谋职创业，能得良友之助，也是人生一大幸福。所谓良友，就是真诚以待，当你有了过错，他敢于谏言；当你有了成就，他乐于共享；当你有了困难、迷惑，他也会尽力为你解危、指点迷津。如此朋友，"有福同享""有难同当"，这才是真正的好朋友，也才值得结交。

第三，治病要选择良医

人吃五谷杂粮，难免会有生病的时候。有病要看医生，对于医生的医术、医德，都要用心了解，不能病急乱投医。如果不幸选择的是一位庸医，不但花钱找苦吃，万一因此延误病情，还可能赔上一命，所以治病要选择良医，比什么都重要。

第四，安民要选择良方

一个政府首长，乃至一个国家的领导者，要想社会进步、人民安居乐业，一定要有好的政策。举凡内政、外交，诸如经济的发展、教育的改革、国防的巩固、交通的规划、科技的研发等，都要有好的方针因应社会的需要与发展，如此才能安定民心，带领国家走向进步与现代化的远景。

选择，有时候影响只是短暂的，是个人的；有的选择则关乎一生，乃至众人的利益，就如以上所述，不可不慎。

耐力

"耐"是持久，是承受，是一种力量。你看，飞鸽传书需要耐力，跑马远行需要耐力，甚至骆驼横越沙漠，都需要耐力。"耐"也是经得起，你看，衣服要能耐穿，工具要能耐用，甚至一朵花、一幅画、一个人也要让人耐看。无论做什么事，你要有耐劳、耐烦的精神，才能为人所接受。日本禅师丹羽廉芳曾说："人生像马拉松赛跑，谁有耐力，谁就可以获胜！"如何才能培养"耐力"呢？有四点看法：

第一，身体受劳累要能不苦

一个人的身体，有时候因为工作繁多，难免会感到劳累。但是，体力上的疲劳容易消除，重要的是，在心理上要自我训练不感觉到苦。这就好比平常走路，走习惯了，自然能走得远、走得久；你挑担，挑久了，当然就能担当重负。因此我们要训练自己，在劳累当中，能够不觉得苦，那才是重要的。

第二，感情受挫折要能不忧

我们做人处事，在感情上，经常觉得受到挫折。比方别人的一句闲话，伤害到我，别人的一个动作，侵犯到我，别人的一点小事，让我受到损失。甚至在家里，父母与子女、夫妻之间、婆媳妯娌往来，在感情上难免会有高低起伏等。当受到挫折的时候，要能不忧恼，如果你觉得"不要紧、不计较、没有关系"；你能化解、处理，就表示你能担当、你有力量。

第三，能力受挑战要能不懈

一个人能接受多少挑战，就表示他有多大的能力。比方在工厂、公司、单位里，你能做到哪一种职位？你担任主管，能做哪一级的主管？甚至在社会机关里，你能负责哪一种职务？这都是表示你的能力有多少。人生就像阶梯，又如登山，能够接受一级、一级的挑战，而不觉得工作太多、太烦，就表示你有能力。其实，每一个人内心都有无尽的能源，只要自己精进不懈，就能开发出来。

第四，尊严受羞辱要能不怒

一般人受贫、受穷、受苦都还容易忍耐，如果尊严受到伤害，大概就无法忍受了。古人说："士可杀而不可辱。"有的人不惜生命，也要保持人格的尊严。其实，一个人是否成功，就看他承受挫折、难堪、侮辱的耐力有多少？当我们的尊严受到伤害的时候，要能"争气"，而不"生气"，人生的境界必定不一样。因为有远见的人，不争眼前，而是争未来；有作为的人不争一时，而是争万世千秋。

耐烦加上恒心，就会成为耐力。有耐力，读书才会通晓，做人才能通达，修行才有成就。世界上任何事业的成功，"耐力"是必备的条件。能经得起磨炼，在耐力中与自己赛跑，在耐力中，就会发掘自己的力量。

活用

人要活得有价值、有意义，在于活得有用。所以，做人要灵活运用各种关系、各种因缘、各种能力，让自己动起来，让生命的能量发挥作用，才能成为有用的人。关于"活用"，有以下四点意见：

第一，在生活中，兼容事理

每一个人都离不开生活，在生活中总会遇到各种人事、金钱、感情等问题。处理问题，最重要的是"事理"要圆融。有的人只偏重于事，忽略了道理；有的人太讲究道理，不能兼顾人情、不合乎情理，都非中庸之道。做人处事，能够事理兼顾，人生才会圆满。

第二，在学习中，灵活运用

生命是一部终其一生也研读不完的书，所以人生要能"活到老、学到老"。在学习里面，要能学以致用，并且要懂得灵活运用，不能一成不变，不能太刻板。只要于人有益，不管什么事都可以做，不管什么话都可以讲，所以一个真正能干的人，他能左右逢源，利用各种因缘帮助别人，成就别人，甚至委屈自己也不在乎。

第三，在人群中，散布喜悦

我们知道，人活在世间，不能独自存在，一定会与社会上很多的人与事发生互动的关系。在群我关系当中,最要紧的是要把欢喜散布给人,要把喜悦分享给人。做人不能天天板着脸孔,不能把忧愁、苦恼感染给别人,让人家不欢喜你,自然会慢慢远离你。因此,现在的社会人生,不但要有声音,要有动作,要有彩色,最重要的是,要有喜悦,要把喜悦散布给人,这是最重要的。

第四,在尝试中,激发进步

自古成功在尝试,一个人如果过分保守,不能与时俱进,不肯接受新知,不敢接受挑战,注定会被时代的潮流所淘汰。所以,人要不断地尝试,不断地更新,不断地寻求发展,人生才会进步;墨守成规,一直在原地踏步,自然"不进则退"。

池塘里的水不流动,就会腐臭,自然无法供人饮用、洗涤;人的思想迟钝,无法灵活运用,人生的价值必然有限。

调适

《天台小止观》说：“初学坐禅，当调五事：调食、调睡、调身、调息、调心。”东晋《抱朴子》也说：“善养生者，食不过饱，饮不过多，冬不极温，夏不极凉。”说的无不是身心的调适之道。其实生活之中，除了养生要调适，举凡做人处世，最要紧的，也是要调适。能调适就是“中道”，如何调适得宜？有四点意见提供大家参考。

第一，精勤之人可以闲暇

古人有谓：“焚膏油以继晷，恒兀兀以穷年。”表达了一个人的勤奋不懈；又云“韶华虚度、玩岁愒日”，讥评了醉生梦死、空度时光之人。前者精进的精神，令人赞叹，后者懒散放逸，无非浪费，实不可取。如果能调适得宜，勤劳的人，可以适时享有闲暇；偷空安逸之人，要奋起精勤，二者必能成事。

第二，忧惧之人可以恬适

心中有太多的畏惧、忧愁、挂念，对人体实非益事。所以古人用“五内如焚”与“肝胆俱裂”，来形容情绪的杀伤力。反之，成天贪图舒适，没有忧患意识，也过于不懂居安思危、防患未然。《春秋胡传》：“春秋防微杜渐之意，其为万世虑深远矣。”适当的危机意识是必要的，但过于提心吊胆则大可不必。

第三，思虑之人可以无心

作家"呕心沥血"所以成就文章；谋士"殚精竭虑"故能运筹帷幄。像这种经常用智慧、拟计划的人，在赋闲之际，要让自己"无心"，好让过度使用的头脑，得以休憩。对于饱食终日、无所用心的人，则应该多一点思虑。《晋书》云："一物不知者，固君子之所耻也。"适度思考、吸收新知，也是该有的生活态度。

第四，小心之人可以大胆

《隋书》云："小心翼翼，敬事于天地；终日乾乾，戒慎于元极。"小心谨慎可以思虑周全、免于失误。但有的人做人做事太过于小心谨慎，往往有错失良机之憾。《左传》云："弈者举棋不定，不胜其耦。"因此，行事顾虑细腻者，有些时候要能果断大胆。而过于大胆的人，有时候也需要一点小心，免得"掉以轻心"，误了正事。

六祖慧能大师说，愚人调身不调心，智人调心不调身；所以生活在世间，要能把苦乐调和起来，把忙闲调适起来。好比弹琴，琴弦过紧，其音尖涩刺耳；过于松弛，其声混沌滞碍；唯有琴弦松紧调适得宜，才能演奏出悦耳的曲调。而用心固然好，表示你负责承担，过于用心计较，就比不上无心的境界。所谓"无心插柳柳成荫"，有时无心也会有意外之获。

想要享受怡然自得生活，实在要善用"调适之道"。

有容乃大

无论是一个人或者社会,想要成其大、成其高、成其远、成其善美,一定有它必要的条件。什么是成就的条件呢？有四点看法：

第一,不择细流,才成江海

管子说:"海不辞水,故能成其大。"我们要想成其大,也要像大海一样,把各种的江、河、溪流,统统汇归一起。社会也是一样,好比佛陀组织教团,阐明"四姓出家,同为释氏",无论什么种族、地域人士,我都能纳受,同样平等,就能像大海一样"容纳异己,罗致十方",就能成就百鸟争鸣、万花齐放的缤纷社会。

第二,不辞土壤,才成高山

佛陀一生说法 49 年,说到时间,有"三大阿僧祇劫";说到空间,有"三千大千世界";说到众生有"十方法界",我们身为一个人、身处一个社会,也要尊重各种差异现象的存在,例如种种的文化、生活、语言、风俗、民情等等,才能显其大与高,就像一座山,它不会嫌弃一块石头、一片土块,所以才成其宏伟。

第三,不耻下问,才成渊博

所谓学问,就是要学也要问,即使天资聪颖,也要有请教他人的雅量。盘达特是教授鸠摩罗什小乘佛教的老师，后来却拜鸠摩罗什为大乘佛教的老师，大小乘互为师，成为中国佛教的美谈；又如孔子"入太庙，每事问"，看到种田的庄稼汉就说："吾不如老农"，看到种花的园丁，慨叹"吾不如老圃"。能从每一个人、每一件事上发现参学之处，才能深广博大，不仅洞达世情，而且学通古今。

第四，不掩过失，才成善美

《佛光菜根谭》云："人之所患，莫甚于不知己恶。"中国人向来重视面子，一旦出错，总想如何挽回颜面，所以就有政治人物不肯认错，领导、部属不肯认错，父母、子女甚至朋友间都不肯认错的情况。其实，人不免有一些缺失、不足，佛教说忏悔改过可以灭罪，不文饰非，就能不断进步，不掩过失，就能成其善美，成为有用的人。

历史上，齐桓公重用敌手大将管仲，故能一匡天下，称霸中原；唐太宗任用不同政见之贤臣，故有大唐盛世；美国容纳不同种族，而成为民族大熔炉。所谓"心中接纳多少，就能拥有多少；心中包容多大，就能拥有多大"。能以开阔的心胸包容不同的人事物，自然能领悟世界美妙之处。

运动与事业

在世界各地，无论你走到哪个国家地区，各种运动球赛，总是受到民众热烈的欢迎。你看，"老虎"伍兹挥杆的专注神情，其风采吸引多少人心；球王贝利的脚上功夫，至今被列为百位伟大的运动员之一。NBA 篮球赛，掀动全美上下，世界杯足球赛，撼动全球人心。运动、打球，与我们的身体健康、做人处世、事业发展等，其实也有着密切的关系。兹举说明如下：

第一，人生的球场，要凭力道的均匀

高尔夫球，运杆的力道大小要均匀；打棒球，投球的速度变化快慢，也是要均匀。人生也是球场，就看您的用心用力，均匀才能耐远，均匀才能持久。

第二，商场的竞争，要凭恢宏的气度

打球当然就会分一个胜负，罗家伦先生说："'胜固欣然，败亦可喜。'正是重要的运动精神之一。"商场上的竞争，也是要有这种运动家的恢宏气度。胜者，赞叹他的本事好，值得人尊敬；败时，不怨天尤人，充实自己，改进自己，等待东山再起。

第三，事业的大小，要有健康的赛跑

有一句话说："人生就像马拉松，看你活多久。"跑马拉松，要有健康的体魄、持恒的耐力；人生事业的大小，也是要靠我们的耐心、力量，无论得奖与否，只要任重道远，贯彻始终，就是一个有毅力的人。

第四，外在的生活，要有内心的享受

打球、运动、事业是外在的生活，同时也要有内心的享受。你有外在的付出努力，内心才有机会获得欢喜、超越与成就感。你有运动场上服输、认错、敏捷的精神，才能养成内在正大光明、荣誉自尊、协调进取的性格。

第五，财富的拥有，要靠大地的普载

稻米生于田地，花果长于田园，因为大地的供给，所以万物生长。高尔夫球场，绿草如茵；森林公园里，高树成林；因为大地的普载，故能让我们闲步慢走或是奔跑驰骋。因为大地，我们拥有许多有形无形的财富。

第六，群我的融谐，要靠人脉的缘分

事业也好，运动也好，都是一种群我的关系。球场上，无论何种运动，无论输赢，比赛结束时，都要彼此握手道谢，因为没有对手，我就不能打好这一场球。西方国家的执政党与在野党，亦敌亦友，哪一方势力较弱时，就会扶持对方增长势力，目的是为了国家制度健全，人民安乐。在事业上，也要感谢竞争的友商，因为不断刺激改造，就有进步的机会。倘若没有人脉的缘分，没有群我的融谐，这些都无以致之。

温布尔登原本只是英国的一个小城镇，当地人从来没有入围

得奖，主办单位却锲而不舍地经营，今天的温布尔登驰名世界，成为全球四大网球公开赛之一。全球运动品牌龙头老大耐克公司，两位创办人，一位是田径教练比尔·鲍尔曼，一位是慢跑选手菲尔·奈特；这对美国俄勒冈大学田径场上的师徒，以一双球鞋和无比的耐力，跑出了一片天下。

这六点运动与事业的关系，实可以提供给喜好运动的人、创造事业的人参考。

立足的条件

飞机在空中飞航，航线就是它的"立足点"；火车在轨道上奔驰，每一停靠站，都是它的"立足点"；船只在海洋里远航，罗盘指南针就是船只的"立足点"。有了立足点，就有目标，就有依靠，就会安全到达目的地。

一个人一生当中，如何安身立命，也有他立足的条件。有时候只有想到自己，不顾念别人，可能难以侧身立足在人际之间；有时候太过为别人考虑，忘记了自己的立足点，这也本末倒置，自他无法圆满。一个人立足的条件是什么？有四点看法：

第一，有自己的事业

所谓"自己的事业"，倒不一定指建设工厂、开店经商，赚钱致富才叫作事业。古人有谓"立德、立功、立言"三不朽事业，你著书立说，成就一番慧解思想，这是事业；你担任义工、社工、檀讲师，致力社会教化、国家公益，对大众有所贡献，这是事业；乃至家庭主妇若能把家庭经营好，把子女教育好，这也是她成功的事业。

第二，有自己的兴趣

兴趣是一个人的精神粮食之一，如果他能培养自己正当的兴

186

趣，在生活中就比较能获得平衡和中道。比方欢喜音乐、欢喜艺术、欢喜郊游旅行、欢喜语言会话、欢喜研究等等。正当的兴趣，可获得和谐美好的人生；反之，如果没有正当的兴趣，喝酒、赌博、吸毒、打游戏机，最后滋是生非，做出许多不当甚至令自己懊悔的事，恐怕也难有安身的立足点。

第三，有自己的工作

在佛教的"八正道"里，"正命"就是从事正当的工作，获得正当的经济来源。工作可以让人生活有寄托，工作可以让人事业有成就。工作的成果让人觉得生命有意义，工作的过程让人获得进步成长。有的人游手好闲，空费大好时光；有的人不务正业，徒使生命虚度，这都是很可惜的事。

第四，有自己的道德

道德能维系国家纲纪不乱，有保护社会人民生活安全的功用。世间的公共道德有所谓"四维八德""三纲五常"。不过一个人有自己的密行，自己的守则，那也是自己遵循的道德。例如我以"惜福"为道德，我以"结缘"为道德，我以"慈悲"为道德，我以"服务"为道德，举凡出于利众的悲心，不违背世间礼法和饶益有情的大乘精神，这些都是医治我们贪嗔大病的良药，可以让我们身心清净，使我们的道德臻于圆满。

有人"立足泰山之巅而小天下"，有人"立足脚下，胸怀世界"；有人"贫无立锥之地"，但只要努力，也可以拥有财富。诚如孔子说："不患无位，患所以立。"人生不怕没有安身的位置，而应担心什么才是自己可以依靠的立足点。

开发潜能

每一个人都有无限的潜能，如同深山里埋藏许多的金、银、铜、铁、锡等矿产。有时候人因为惰性，或者不认识自己的内在宝藏，没有把潜能开发出来，实在很可惜。对于我们身体里的无限潜能，就看自己如何开发它。所以，关于"开发潜能"，有四点说明：

第一，身体上的潜能，可以磨炼担当

一个人可以担当多少，是可以磨练的。例如挑担，有的人一开始只能挑30斤、50斤，但是经过慢慢磨炼，可能就可以挑100斤、150斤、200斤，这就是发挥潜能。潜能开发以后，身体就能担当。再如游泳、跑步的速度，甚至登山、攀岩的体能，都是可以慢慢培养、训练的。所以身体上的潜能，可以磨炼担当。

第二，思维上的潜能，可以判断抉择

有的人思想很敏锐，有的人反应比较迟钝。思想上的潜能也是可以开发的，例如经常自问"为什么"，然后自己思索答案。经常自问自答，当有一天智慧开启以后，思想、理路一通，就能把思维上的潜能发挥，就可以判断是非、抉择对错。所以思维上的潜能，可以判断抉择。

第三，感性上的潜能，可以体贴牺牲

同样是人，但是有的人比较感性，有的人比较理性。理性的人讲理，感性的人重情。一个人最好理性之余，也能兼具一点感性。感性的人，容易感动，对于别人的痛苦，容易感同身受；感性的人，重情义，凡事懂得贴近人性，从人性出发，所以容易获得别人的认同、亲近。每个人都有感性的潜能，诸如慈悲、忍耐、牺牲、奉献、服务、助人，这些感性的潜能发掘出来以后，就容易心甘情愿地对别人体贴、牺牲、奉献。所以感性上的潜能，可以体贴牺牲。

第四，心意上的潜能，可以觉悟生命

真正的宝藏在哪里？在我们的心里。我们的心中有无限的宝藏，有无限的潜能，那就是每个人的佛性。如果我们能把内心的潜能发挥出来，就可以觉悟生命，就可以远离烦恼，就可以不生不死，就可以证得永恒的生命。所以，心意上的潜能，可以觉悟生命。

人都有无限的潜能，像现在世界上有许多长跑名将，有许多善泳人士，有许多登山高手，甚至有许多人具有特异的功能，他们都是因为把自己的潜能发挥得淋漓尽致，所以异于常人。因此，每个人只要懂得开发自己的潜能，就是能人。

知识论

"日"有所"知"为"智"。智能是人生的导航,汲取知识是智能的开始,所以做人要求知识。世间的知识很多,有的人喜欢科学,有的人喜欢医学,有的人喜欢艺术,有的人喜欢文学。各种领域、各个科别,都有各种的学问、各种的知识。知识的积累,不仅是靠年龄的增长,同时也包括阅读与思想的开阔。"知识论"有四点说明:

第一,学问是理论的知识

平常所谓做学问,大都是从书本上去研究各种学科的各种理论,例如爱因斯坦的相对论、达尔文的进化论,就是一种理论上的知识。甚至平时我们读四书、五经,乃至读佛经、《圣经》,以及世间上的各种百科全书,这些学问也都是讲道理,讲理论,这是理论上的知识。

第二,思考是实用的知识

儒家说:"学而不思则罔",书本上的知识有时还要加以思考,经过思维以后才知道如何运用。所以在佛教里讲到知识、智能的来源,有所谓"以闻思修而入三摩地"。也就是说,智慧有来自听

闻，叫作"闻所成慧"；有来自思想，叫作"思所成慧"；有来自修持实
践，叫作"修所成慧"。通过思想酝酿，可以消化知识，融会成为实
用的智慧。就如同唱歌，曲哼千遍，无腔自转，你唱呀唱，酝酿久
了，自然就会唱了。

第三，判断是鉴别的知识

世间上的是非、好坏、善恶、对错，我们要懂得分辨、判断，要知
道权衡轻重，知所缓急，不能似是而非，一天到晚什么都是差不多，
这是不行的。虽然佛教讲万法平等，那是从理上而言，诸法的本性
是空，所以他超越了有相的对待；然而在世间法来讲，世间万象还
是千差万别的，一就是一，二就是二，山就是山，水就是水，不能混
淆不清。

第四，智能是觉悟的知识

世间的知识学问再多，如果没有经过心领神会，则永远只是白
纸黑字，顶多只是一种学识。因此无论求知识，听人讲话，有时候
说"我懂了"！你真的懂了吗？叫你复述一次，你说我不会，可见懂
是没有用的，要会。佛教讲"会道"，就是我能体会得道，道印在我
的心上。因为会道，所以我能了然会意，成为智慧，这就是觉悟的
知识。

知识是一种世智辩聪，是向外求得的；般若智慧是向内发掘，
是人人本具的佛性。在为学处事上，知识学问并不能解决问题，惟
有心量开阔才能开发般若智慧，才能判断正邪、转迷为悟。

卷四 | 理想的实现

假如我们有理想，

就会奋发向上，朝着目标前进；

这个理想就是支撑、督促我们前进的力量。

事业成功的条件

每一个人都希望自己能建功立业，但是建功立业要看因缘。你的所学有基础吗？你的能力有条件吗？你的精神有动力吗？你的外缘有具备吗？事业成功的条件有五点：

第一，诚信是事业的基础

诚信是做人的基本道德，也是有心经营事业者应有的坚持。投机取巧，非事业永续发展之道，一旦恶行遭人识破，小则诉诸法律，大则名誉扫地，实在因小失大；脚踏实地，反而能创造口碑，事业获得助缘，所以诚信是事业成功的基础。

第二，决心是事业的条件

决心是面对事业发展的积极态度。孟子说："志，气之帅也。"有了决心，就会专心一意地朝目标迈进；有了决心，就有力争上游的魄力；有了决心，不管遇到什么困难挫折，都会想尽办法解决。有决心，才有动力；有动力，则距成功不远。所以"决心"是事业的条件。

第三，勤奋是事业的动力

世界上任何事情都要经过付出，才能有获得。时间，是非常公平的,每一个人每天都是 24 小时,可是一天的时间给勤勉的人带来智慧与力量,却给懒散的人留下一片悔恨。所以,天下没有白吃的午餐,也没有白流的汗水,肯吃苦、不怕难,奋发向上,就是事业的动力。

第四,时间是事业的要素

一件事情的完成,"循序渐进"是行事者必须具备的态度,凡事不能操之过急而敷衍了事,"揠苗助长",欲速则不达;世间上没有不费时间、不耗力气就能拥有的东西,实力也要在时间的积累之下,福德资粮具足才能增长,所以,争取时间是事业的要素。

第五,健康是事业的资本

为了因应社会的快速发展,各行各业竞争力相对提高,倘若身心不能作适度调节,健康将会遭受危害。一个人失去健康,即使雄心万丈,亦难有成。语云:"留得青山在,不怕没柴烧。"因此,健康是事业成功的资本,有健康的身体,才有机会创造成功的事业。

每一个人都想建功立业,但是并非人人都能做到,成功要有因缘来成就,事业成功的条件有以上五点。

失败的原因

在社会上，我们看到好多人因为功成名就，生命充满了光彩；但也看到不少人因为失败，生活一蹶不振。其实，成功有成功背后的条件，失败也有失败的原因，综观失败的原因有很多，略举四点说明：

第一，道德不修

中国人向来讲究道德，学校注重道德教育，人际相处重视仁义道德。有语云："芝兰生于幽谷，不以无人而不芳；君子修道立德，不为穷困而改节。"

一个人要建立道德观念，才能树立为人处世的君子风范；如果一个人没有品德，不懂得修德，就不能赢得人家的欣赏和信任；失去人缘道德，则做人就要失败了。

第二，所学不用

我们学得很多道理，也能了解个中的含义，但最重要的是要付诸实践。比方要你学忍耐，你却不能忍耐；告诉你要明理，你却不明理；教你要勤劳，你却不肯勤劳；甚至这些道理你都能认同，只说自己做不到、没有力量，那当然就会失败。学习的目的就是要能运用，所以，"学以致用"才能"知行合一"，学而不用，实力无法发挥，更遑论想要成就任何事情了。

第三，仁义不从

不管是古代的侠义之士，或是任何一个重仁义的人，因为他能履仁蹈义，为人正派，深受大众尊崇。孔子云："德之不修，学之不讲，闻义不能从，不善不能改，是吾忧也。"一个人如果闻义气而不能服从，好事不肯做，好话不肯听，遇到仁义之事不愿随喜，逢到正义言词不肯接受，奉行本位主义，结果不但失去别人的信任，做人做事也将受到阻挠，那怎么会成功呢？

第四，恶性不改

明代文学家聂大年曾说："短不可护，护短终短；长不可矜，矜则不长。"人总难免会犯错，但是绝不护短，错误不肯改，则永远只能原地踏步。一件商品之所以能够享誉国际，背后有生产者锲而不舍、勇于创新的努力，从各种尝试、多少失误中，不断提升品质。同样的，人也要有从错误中改过，才能提升自己各方面的能力。

一个人想要成功，必须注重成功的条件；即使失败，也要检讨失败的原因，观念厘清、付诸行动，才能东山再起。

开源与节流

《荀子·富国》有云："故明主必谨养其和，节其流，开其源，而时斟酌焉。"不仅是一个国家，甚至一个家庭，乃至一个人，"开源节流"是理财不可或缺的观念和秘诀。如何"开源节流"呢？提供四点意见：

第一，生产好似摇钱树

记得早期有一句口号"生产报国"，你要报效国家吗？就要从事生产。农民耕作，要研究农业怎样才能增加生产；工厂要研究质量怎样改良，怎样增加生产；知识分子，要研究什么才是对社会大众有益的思想、做法；作家创作文章，要研究什么才是对读者有启发、有益处的作品。各界人士都要生产，生产就像摇钱树，能够不断地激发出新的点子，激发你的动力，开创更多的产品、作品。

第二，节俭犹如聚宝盆

养成节俭的美德，就能致富。韩非子便强调，勤奋节俭是致富必要的秘方，而提出"力而俭者富"的理念；墨子也主张"节俭则昌"；唐朝的陆贽则认为"取之有度，用之有节，则常足"。可知节俭的人，就好像家里有了一个聚宝盆，钱财、品格、生活、家运都将随之富足起来。

第三，勤劳能产万抹粮

你平常工作，哪怕是做一个清洁工，若能勤劳工作，凭着双手也能开创一片天地。所谓"天生我材必有用"，在发挥当中，在不卑不屈当中，在勤劳奋斗当中，自能集财聚富。勤劳是一种精进力，奋而不懈、精进勇猛地耕耘，将财富一点一滴累积起来，聚沙成塔，必能生产万抹粮。

第四，用心拥有全宇宙

只要肯用心，宇宙就在我们心里，世界就在我们心里。唐朝江州刺史李渤问归宗禅师："须弥容纳一粒芥子，说得过去；小小的一粒芥子如何容得下须弥山，这副对联根本不通。"禅师反问："俗语说'读书破万卷，下笔如有神'，请问你万卷书如何能藏在小小的肚子里？"心是极其微妙的，它的作用更是不可思议，只要我们肯用心，世界就为我所有，因此用心的人才真正拥有人生，享有宇宙。

致富之道在于有智与理，心中有一个分寸，有方法，知道如何运用，如何开发，如何生产，如何储蓄，让心理与生活的经济皆能不匮乏，财富源源不绝。因此，懂得"开源节流"就等于拥有了财富！

理想的实现

人不能没有理想，没有理想就没有目标和方向，生活也会没有重心，终日无所事事，就像一匹走在荒漠却没有目的地的骆驼，最终将在风沙酷日寒夜中，孤独地死去。假如我们有理想，如做一个学者、做一个慈悲的人、做一个慈善家，如此就会奋发向上，朝着目标前进；这个理想就是支撑、督促我们前进的力量。理想也可说是一种愿望：希望对国家有什么贡献、对社会有多大的付出、要成为怎样的人……可是，理想、愿望是"因"，实现才是"果"，理想要怎样才能实现？

第一，经验多，自信心就大

不管是日常生活，还是专业领域，都要用心去观察、思索和尝试、体验。经验体会愈多，做起事来愈能得心应手，成功的概率更大，对自己也会愈有信心，愈能自我肯定，而成为增强实力的良性循环。

第二，信心大，节制力便强

愈有自信的人，对自己的节制力量会愈强。一个人若没有节制的力量，就好像没有缰绳的野马，虽有气力，却只是狂奔无状，无法有具体的成果。我们有节制的力量，就如同为自己设立轨道，会循规蹈矩地往目标前进。

第三，节制强，能量德会足

每个人都有相当大的潜能，爱因斯坦这样伟大的科学家，也仅发挥自己十分之一的能量，一般人则连十分之一都不到。自我节制是心力的训练，心力之大，无他物能及。"虚空非大，心王为大"，心的力量愈大，个人的能量、道德就会愈充足。

第四，能量足，理想事易成

所谓"心想事成"，连接"心想"与"事成"之间的是"身体力行"，而坚定的决心意志，可以决定一个人能否贯彻实践自己的理想。一个人的心力强大，能量充足，等于汽车加足了油，当然可以走很远的路。能量一足，就有更大的能力和智慧去达成目标，如此，从理想到实现，就不是困难的事了。

我们首先要确定理想目标，再积蓄自己的能力与智慧，以坚韧不拔的信心去实践。

潜力的发挥

　　每一个人都有很多潜在的力量，这种潜力就是我们外在财富和内在能量的泉源。如果不懂得开采，只能庸庸碌碌、汲汲营营地为生活而奔劳；反之，若能开采出来，就能发挥许多作用。这种潜力如何发挥，有四点意见提供：

第一，追求颠峰要有精进力

　　想要出人头地，就必须勇猛精进。如同爬山，要"欲穷千里目"，就得勇往向前，才能"更上一层楼"。虽然天资素质不如人，但是，所谓"破铜烂铁也能成钢"，只要肯力争上游，遇艰难困苦，能愈挫愈勇，有精进力，一旦因缘成熟，终有成功的一天。

第二，参加比赛要有竞争力

　　一个人具有竞争力，就不会被社会淘汰；一个公司具有竞争力，业绩就能蒸蒸日上；一个国家具有竞争力，就能在世界舞台上扬眉吐气。竞争力不是打倒别人、破坏别人，而是自觉、自发、自动地培养自己的实力，尤其良性的竞争，更是进步的动力。有时候我们看一场球赛，有些球队常常后继无力，就是因为坚持到最后的竞争意志力不够。所以参加比赛，不是光靠前面的匹夫之勇，还必须有耐力、竞争力，才能自始至终都将潜力发挥得淋漓尽致。

第三，面对失败要有忍辱力

人生在世间，有顺境、有逆境，有时候赢，有时候输。胜败不要紧，但最重要的是胜要能忍，败更要能忍。如东周苏秦忍受"妻不以我为夫，嫂不以我为叔，父母不以我为子"之羞辱，勤奋苦读，终于说赵成功，飞黄腾达。每个人都有失败的纪录，但对于失败要能积极面对，只要对自己有信心、有力量，就能从失败中获得成功。

第四，脱颖而出要有智慧力

每个人都希望受人瞩目，能从群众中脱颖而出。但是比别人出色，必须靠智慧力。如诸葛亮虽然起于布衣，人力、物力、地利均不及曹操、孙权，但因为他拥有智慧的策略，所以能够与强权周旋，偏安蜀中，最后终能与魏、吴鼎足而立。所以有智慧力能够引导我们人生的方向，进而提升自己、扩大自己。

在战场上，谁的战力强大，谁就能赢得胜利；在商场上，谁的资本雄厚，谁就能获得商机。生命的较量，不是看外在的条件，而是看谁开发心里的能源多，开启内在的智慧高，谁就是人生的胜利者。

财富

每一个人都需要有财富，尤其在经济重于一切的社会，如果没有金钱财富，生活将十分艰苦。而除了有形的金钱之外，如同《佛光菜根谭》说："有钱可以买到美食，买不到食欲；有钱可以买到医药，买不到健康；有钱可以买到床铺，买不到睡眠；有钱可以买到赞誉，买不到知己。"内在的财富如道德、人格、气节等也要兼俱，才是真正富有的人生。"财富"有哪些呢？

第一，善缘的财富

广结善缘是增进财富最方便的方法。讲好话、对人微笑招呼、帮助别人解决困难，随手功德，就能与人结下好缘。一个人经常广结善缘，有一天自己需要别人帮忙的时候，许多善缘就会不请自来；反之，一个人平时不懂得结缘，却一味想要发大财、要人家对你好，俗话说："煮熟的鸭子都会飞走。"因缘就是那么不能凑巧，使你得不到助缘。

第二，信誉的财富

有一句话说："信誉本身就是一种巨大的财富和一种无形资产。"尤其现代社会愈来愈重视信誉，像企业注重品牌、品质保证；

西方国家从幼儿园、小学生即给予诚信教育。因此，每一个人都要树立自己的形象，以勤劳、诚恳获得信誉的财富，不仅帮助有形财富的增长，更增加内心坦荡的无形财富。

第三，健康的财富

梦窗国师说："知足第一富，无病第一贵。"一个人虽然很有钱，但是身体不好，无福享用，财富再多也不是我们的，不但事情做不成，有时亲友还要为我们担忧。反之，虽然拥有的金钱、土地、股票不多，但是只要身体健康，凭着勤劳、努力，也能实现理想。因此，大家当要爱护身体健康，拥有健康就是拥有财富。

第四，智慧的财富

有人用劳力赚钱，有人靠技术赚钱，有的人却凭着智慧就能赚钱。好比你拥有创意，加上种种努力因缘，就可能带来一笔可观的财富。乃至你有钱可以买到无价珍宝，但不一定能买到智慧。

因为智慧会让你洞察人生，正见是非；智慧会让你明白轻重，净化烦恼。这比有形的财富重要得多了。

富有不是用存折的数字来衡量，健康、智慧、善缘、信誉才是真正的财富。佛教不但重视一时的财富，更重视永久的财富；不但重视现世的财富，更重视未来的财富。这四点财富，希望大家都能拥有。

创业之母

每个人都希望自己能创造一番事业，但是，有的人一帆风顺、平步青云，有的人经过许多努力与辛苦，却一事无成。当然，这与因缘具不具备有很大的关系。提供四点创业的条件：

第一，好奇心为注意力之母

一般人从小就有好奇心。有了好奇心、求知欲，会激发探索研究的精神。科学家、探险家，都是因为有好奇心，才会有研究与冒险的精神。如牛顿看到苹果掉下来，发现了地心引力；富兰克林放风筝，发明了避雷针；阿基米德因洗澡，发现了浮力原理。这一切，都是好奇心的成果，所以好奇心可说是注意力之母。

第二，注意力为记忆力之母

有了注意力，才能把事情记住，因此要注意聆听、用心揣摩，并思维事情的来龙去脉、前因后果，久而久之，熟练了，自然就有灵巧。倘若你不注意听，做事漫不经心，就永远学不会，所以，注意力为记忆力之母。

第三，记忆力为思考力之母

我们有了记忆之后，还要用心去思考与研究。所以在佛教里，讲到智慧的来源,有"闻所成慧""思所成慧""修所成慧"。听闻不足,必须补于思考;思考不足,必须补于实践。而思考的训练、修行的实践,都必须靠不断的记忆,永恒持续地精进不懈。

第四,思考力为事业成功之母

养成思考的习惯,可以提高事情的成功率,不致漏洞百出。如学习打球,练球时的专一思考可以帮助技巧的提升;需要改善产品,专一思考有助于开发最佳的方法;想解答困难的数学题目,专一思考能帮助突破。一个不会用心思考的人,要想有多大的成就,那是不可能的事。

"凡事预则立,不预则废",如果我们能不断地缜密思考,有了预备与认识,并持续不断地研究,要想成功立业,并非难事。

专家的条件

每一个行业都有专家，擅长写作是作家，长于音乐是音乐家，专于绘画是画家，身为专家，在技能上、人格上、性情上必须具备什么条件？"专家的条件"有四点：

第一，政治家要有广阔的胸怀

古人云："为政之要在于得人，得人者得天下。"做一个政治家，一定要有大格局，能包容异己，容纳很多不同的意见，不能有"顺我者昌，逆我者亡"的专制思想。一个人能包容一家，就可以做家长；可以包容一村，就可以做村长；能包容一县，就可以做县长；能包容一国，才能做国家的领袖。美国作家克拉克说："政客是为了下一次的选举，政治家却是为了下一代。"因此，在政治上要成为专家，心量要放大、眼光要放远。

第二，科学家要有新知的敏锐

科技不断进步，今天发现的一项原理，或许明天就被人推翻了。梁启超说过："今日之我，不惜与昨日之我挑战。"因此，做一位科学家要具备求知的精神和敏锐的观察力。像牛顿发现"地心引力"，在于细心观察现象的变化；达·芬奇创造新的科学研究方法，也在敏锐掌握问题。不断地在知识领域前进、更新，启发大众、利益大众，这是作为科学家，对人类最大的贡献。

第三，艺术家要有怡情的涵养

身为一个艺术家要具备怡情的涵养，怡情适性可以养和，内心和谐、宁静则有助于思考力、提升创作力。其实，每一个人也都是自我生命的艺术家，可以彩绘自己的人生世界。凡事能以欣赏的眼光来观看，便能看出生命另一番境界。

第四，宗教家要有坚贞的信仰

无论是神父、牧师或是法师，也不管信仰哪一个宗教，要成为一位宗教家，对于自己皈依的宗教，必须要有坚贞的信仰。如果信仰只是站在利益的考虑，对你有利益就信，没有利益就弃之而去，便是一种利用宗教的行为。宗教讲究的是牺牲小我、服务奉献，因此，从事宗教教化工作，必须具有忠贞的情操，也因此，要成为佛教的法师，经过佛学院的教育，成为基督教的神父，经过神学院的培养；成为道教的道士，经过道学院的训练，这才能拥有宗教家所应具备的条件。

所谓"专家"，即是学有专精的人，要能成为专家，就应该努力充实成为专家的条件。

成就大器

每个人都希望自己能成功，学业、事业、养儿育女皆能有成。但是，所谓"大器晚成"，成功并不是一蹴而就的，就是一棵大树，也得经过几十年的风吹雨打，方能成为大树。所谓"十年树木，百年树人"，人经不起时间的磨炼，经不起一点挫折，要有所成就也是很难。所以，"成就大器"有四个条件：

第一，要经得起烦嚣

人要经得起各种烦恼、嚣攘，才能有成就。好比作为一个学生，光是考试就烦不胜烦，你必须接受事实，才会努力不懈；身为老师，一再重复指导学生相同的问题，必须要能耐得住性子，才能成就学生的学业；商人做生意失败了，得卷土重来；艺术家作品做坏了，也得再来一次。因此，人世间，所谓"人多事多"，经不起别人的吵闹，经不起外境的干扰，经不起各种烦琐，深陷在烦恼里，则无法跳脱困境。

第二，要受得了气愤

世界上没有处处得意、天天欢喜的事情，有时不如意的事情更是接踵而来，总觉得自己受尽了委屈。但是，生气能解决问题吗？

生气不但不能成就好事，还会坏事。所以，生气的时候，要先忍之于口，不要轻易骂人；再忍之于面，不要展现愤怒的样子；再忍之于心，心不气了，最后就没有事了。

第三，要忍得下挫折

遭受打击、批评、陷害时，该怎么办？跟人家打架、和人家起口角吗？这都不是究竟的方法。《景行录》里说道："片刻不能忍，烦恼日月增。"能忍得下挫折，表示你有力量，你能担当，不能忍讥耐谤，烦恼不断，则难成就大器。

第四，要耐得住时间

有些时候，人的忍耐是有限度的，可以忍耐一年，两年就不能了；可以忍耐两年，三年就不行了，因此，这样的忍耐功夫还是不够深厚；有的事情，往往是要忍一年、两年、十年，甚至是一忍再忍的。你能耐得住时间，物换星移，人就成长了，如同见到花开，也就是离果子成熟的时间不远了。

做人处事，一切都要能承受得起，心胸豁达开朗的人，凡事看得高远，不会被眼前的利益所蒙蔽；心中狭隘的人，处处与人比较、计较，徒增烦恼，所以往往不能成事，成不了大器。

团队之要

古人云：“人心齐，泰山移。”一个团队要发展，必须凝聚心念，建立共识。看法、想法、语言行为有了共识，就会有力量。“团队之要”有以下四点：

第一，你我要同舟共济

身体的各个器官，各有功能，又彼此关联。好比一根手指头没有力气，五根手指合作，就能发挥握、提、推、拿等种种作用。团队也像人的器官一样，彼此一体，不管是干部、主管，还是部下、会员，看起来各司其职，实际上互补互助，同舟共济、同体共生，这个团队才会有力量。

第二，彼此要荣辱与共

所谓“有福同享，有难同当”，团队中有一人获奖，大家都会感到与有荣焉，但只要有一人表现不佳，彼此也会受到牵连。团队就像大家庭，相依相伴，有荣耀，共同沾光；有问题，共同探讨；有困难，一起承担；休戚相关，荣辱与共，因此更要惺惺相惜。

第三，忧患要急流勇退

孟子说：“生于忧患，死于安乐。”团队在辉煌的时候，领导者不能贪享成功安乐，而要有忧患意识，防患未然。要能思及未来，为团队的长久之计策划打算，乃至急流勇退，退居幕后，将经验传承，培养接班人，让后面接棒的人有所发挥，继续往前迈进。

第四，团结要共同交心

《论语·季氏》说："吾恐季孙之忧，不在颛臾，而在萧墙之内也。"团队中最大的问题，是内部不团结，尤其人多势众，最重要的是大家要一条心，相互信任，相互敬重。好比一支球队，大家共同携手，共谋交心，纵然面对强劲的对手，也会戮力同心，朝向目标前进，才有胜利的希望。

优秀的团队，会有良好的纪律，培养杰出的人才，集合众人之力，成为惊人的力量。东晋谢安淝水之战，仅以八千精兵，击溃苻坚几十万大军，这就是一个很好的例子。

正面思考

"正面思考"是一种观念的环保，也是一种良好的习惯。一个懂得正面思考的人，不管遭遇到任何困难，总能保持愉悦的心情，甚至化险为夷，为自己带来好运气。"正面思考"有四点：

第一，在委屈中学习经验

一个人能承担多少的委屈，日后的成就就有多大。英国小说家毛姆说："一经打击就灰心泄气的人，永远是个失败者。"因此，在学习的过程中，要能忍耐、堪受委屈，内心才会生出力量；对于种种委屈若能视之如肥料，凡事朝积极面想，必能帮助人生的成长。

第二，在困难中接受挑战

困难不足以畏惧，重要的是能正视困难，进而化解困难。丘吉尔说："能克服困难的人，可使困难化为良机。"因此，困难是人生进步的踏脚石，是内在信心、志节的试金石。有办法的人，凡事都会想办法解决；向困难挑战也就是向自己挑战，一旦通过考验，人生就能获得无限的意义和价值。

第三，在失败中积累智慧

拿破仑说："人生的光荣，不在永不失败，而在于能够屡仆屡起。"凡是人，不免会遇到失败的时候，重要的是能在失败中记取教训，学习处事的智能。千万别因为失败，而成了行动的枷锁；失败没有关系，只要能将它化作养分，失败的经验也能为你带来下一次的成功。

第四，在挫折中锻炼意志

一个无时无刻都活在关爱中的小孩，未来不一定最好，反倒是偶尔遇上挫折，经历过磨练的人，他的生命价值会更加提升。有的人视逆境为仇敌，其实不然，逆境能锻炼我们克服困难的意志力。所以，遇到问题不要退缩，勇敢面对才能激发出人人本具的潜能，甚至减少未来再次跌倒的可能。

佛教《华严经·净行品》要人时时提起正念，尽管是刷牙、洗脸等日常琐碎的事情，也当提醒自己关怀别人。所以，时时保持乐观的态度，永远做正面的思考，将为自己缔造多姿多彩的人生。

何谓困难

人生每个阶段，都会遇上困难和挫折，学生会有课业不佳的困难；成年人会有事业、家庭的困难；老年人会有健康上的困难。除了人生各阶段遇到的，还有什么困难呢？以下四点意见：

第一，读书容易明理难

自古以来，人类读书是为了要明理，明白做人处世的道理。但是现代许多人读书，只求知识的获取，很少想到如何增长自己、利益他人。甚至有的人死读书，只知其然，不知其所以然。清朝文人郑板桥曾写信给二弟，请他代为教育小孩，信的最后说："夫读书中举中进士做官，此是小事，第一要明理做个好人。"如果人人都能做个明理人，大家互相尊重，社会就能一片和谐。

第二，做事容易做人难

常听人家感叹地说："做事容易，做人难啊！"因为事情可以由人来分配、计划、控制，但是要跟不同性格、不同想法的人取得共识，却不容易。尤其在职场上，不只重视做事，更重视做人，否则一旦双方冲突，就很难乐在工作之中。有句话说："世事练达皆学问，人情世故亦文章。"因此，学会做事之外，更要学会做人；懂得缩小自己，体谅别人。

第三，对外容易对内难

有的人，在外工作活像一条龙，对于属下，再多的命令、指示，总是毫无畏惧，但是回到家里，对于家人的要求，往往不敢推辞。或是为了工作、维护人际关系，对外人、主管、同事总是百般依顺，对于自己的家人，却直来直往、不假颜色，使得家庭气氛凝重，彼此互动多了火药味。这都是对外容易对内难。

第四，修身容易行道难

有的人话很多，做得少；有的人懂很多，却不去做。一个人要做好事并不困难，但是要持续地做，不能因为遇上困难而懈怠，或者干脆放弃。英国剧作家萧伯纳说："行动是通往知识的唯一道路。"所以，唯有付出行动去做，才能印证你说的话好、你讲的道理可贵。

事情复杂或阻碍多时，就会感受到困难重重，应当积极想办法解决，一旦克服困难，人生在这个关卡上就超越了。

如何散发魅力

　　魅力，是一种令人着迷的气质。每一个人都想具有魅力，有魅力，就能让人看重、给人信服、受人欢迎。像许多电影、电视明星，无论走到哪里，就有很多人追随他，为什么？他有魅力。其实，也不一定明星才有魅力，甚至不一定以外表来展现魅力，每一个人都有他的独特风格，你也可以散发你自己的魅力。如何散发魅力呢？以下几点：

第一，精神焕发

　　精神焕发，是一种发心，是一种发自内心的力量。老师教学精神焕发，给学生信心；医护人员精神焕发，给病人鼓励；宗教师、神职人员精神焕发，给众生希望、安慰。一个人只要拥有乐观、进取，表现旺盛的精神力量，它就会影响别人，人见人爱，散发无穷的力量。

第二，谈吐幽默

　　有的人谈吐太过呆板、直接，所以讲话引不起别人的重视、注意。与人往来，谈吐之间要有一点幽默、风趣，具有智慧、表现机智，像幽默大师林语堂、卓别林，他们谐而不谑，风趣洒脱，一句话、一个动作，都能感染别人，给人欢喜，让人哈哈一笑，这就是散发魅力。

第三，博学多闻

要想自己散发魅力，就要在学问上多加充实，才能广博多闻，知识丰富。说出来的话，有根有据，说出来的话，都有含义，说出来的话，让人深刻回味，展现聪明睿智，引人入胜，那也是一种吸引人的魅力。

第四，善解人意

魅力不是表现你自己个人而已，而是也要知道别人需要什么、懂得应该给别人什么。如果你都只是"你是你""我是我"，不了解别人、不重视别人的需求，你就没有魅力了。像释迦牟尼佛就是观机逗教，随缘说法，给予慈悲，所以众生需要他。像阿难尊者善解人意，为人解决困难，一举一动表现风雅威仪，所以讨人欢喜，这也都是一种魅力的表现。

如何走出阴影

近年来国际间频传战争、风灾、水灾、地震等各种天灾人祸，造成房屋倒塌、生活困顿、家人亲友顷刻之间天人永隔的种种悲痛。这些悲苦的阴影，实在令人难以从心灵中抹去。要走出阴影，就必须要有光明，好比走夜路的人，得到一盏明灯的指引，有了灯光，就能走出暗路。如何走出人生的阴影？以下四点意见提供：

第一，要将信仰化为力量

人生在世，有时候会感到世路茫茫，不知安住何处，甚至遭逢逆境绝路，没有助缘帮忙，此时就需要靠信仰的明灯来指引。若能以佛法指引，明白因缘果报的真理，了解前因后果的真相，会使我们懂得改善逆缘、培植好缘、广结善缘、随顺因缘，知道人生祸福、好坏，皆是自己所造，非有他力可以主宰，唯有自己才是自己的主人。

第二，要将智慧发出光明

智慧是人生的导航，有智慧的人，懂得寻找生命的源头，凡事往大处着眼，能明理识大体。遇到逆境时，能镇静沉着，运用智慧来转境，应付事变。甚至对待生命中的无常，也能以智慧观照、放下，正见到世间苦空无常的现象，究明事理，从烦恼愚痴的人生中解脱。

第三，要将观念重新整理

佛经云："觉悟世间无常，国土危脆；四大苦空，五阴无我；生灭变异，虚伪无主。"每次的天灾人祸，造成家园倾倒、社会财物受损、失去生命，造成心灵创伤。这时必须要靠自己鼓起勇气，面对突来的遭遇，了解世间变易难久，建立正确认识，才不会在不可逆转的变化面前仓皇失措。建立正确观念，就能再次展现崭新的生命。

第四，要将精神给予武装

要走出阴影，就要做好良好的心理建设，厚植自我的力量、开发潜能、建立信心、更新观念、开启智慧，慈悲、惭愧、精进、忍耐……这些都是自己的精神武装。武装精良，何愁不能走出阴影，何愁不能建设新的人生呢？

事相上的阴影容易拂拭，而心中的阴影要靠自己去除。所谓"千年暗室，一灯即明"，阴影犹如暗室，得灯而亮，不仅点亮自己的心灯，也可以照亮别人。

如何突破困境

所谓"人无千日好，花无百日红"，我们一个人的前途，如同海上的浪潮，起起落落，时有低潮，时有高潮。遇到困境，很多人不是算命卜卦，求命改运，就是向土地公、妈祖婆、太子爷祈求化解，希望前途发达顺遂，却往往慌乱无功。遇到困境时，到底要如何突破？有六点：

第一，闭紧嘴巴，少说多做

有时候遇到困难，多说无益。因为不是所有人都了解情况，也不是所有是非都能说明清楚。这个时候，只有闭紧嘴巴，多做事，少说话，只要有精神、有力量，是对的，就一直做下去，必定会有转机。

第二，咬紧牙根，奋斗向前

人生不如意事十之八九，面对困境，别人能给予的帮忙有限，主要的还是靠自己。汉朝司马迁受"腐刑"之辱，却咬紧牙根，完成《史记》；隋朝静琬大师，为保存法宝，咬紧牙根镌刻"房山石经"，留下了世界上最大一部石书。古来大德圣贤，成就的背后，无不来自一股对理想的坚持。咬紧牙关，就能激发潜能，增加力量，勇往向前。

第三，把紧心关，不失正念

随着物质的进步丰富，人类面临人性挑战。有些人遇到困境，就出卖人格，出卖理想；也有些人，积欠巨债，自杀了事，大好青春毁于一旦。其实一个人贫穷不怕，即使事业失败，只要把紧心关，如禅门所云："提起正念，照顾所缘"，不失去立场正念、人格道德，必定有拨云见日的时候。

第四，踏紧泥土，免堕虚无

佛教有"空中楼阁"的譬喻，意指好高骛远，不从基础力行，是无法成就的。也有一些人，不重视当下勤修福慧资粮、广结善缘，却冀望遥不可及的净土。踩在虚无缥缈间，这是很不实在的。唯有脚踏实地，把握当下，才能避免空谈。

第五，握紧拳头，战胜横逆

人遭逢挫折、失意、困厄时，内心容易茫然无助，失去自信，而退缩在自我的世界里。逆境、不顺，是一时的，靠自己的力量，相信自己我能，就能自我健全、充实自己，战胜自己的命运。

第六，盯紧目标，圆满完成

目标就是方向、方针。国家要有施政方针，企业要有业绩目标，就是菩萨修行，也有 52 个阶位，作为他修道的目标。没有目标，容易迷失方向，因此即使身处困境，还是要有计划，朝着目标前进不懈，必定有完成的时候。

困境不是绝境，面对不一定难受，逃避也躲不过。你看，石岩里的小花，突破困境，所以摇曳丰姿；湍流中的小鱼，逆流而上，展现活泼生机。我们应扩大心胸，突破自己，不被困境的框架束缚，才会健全茁壮。

"老二"哲学

人都喜欢做老大，不喜欢做老二，因此中国人有句俗谚"宁为鸡首，不为牛后"。其实做老二的人，好像一位副主管、一座桥、一瓶润滑油，一个团体若能有这样的灵魂人物，气氛必定和谐，政令也易通达实施。做老大，要有做老大的条件，若条件不足，担子也挑不起来。但一个优秀的老二，比主管还难当，提供下列四点"老二"哲学：

第一，辅助主管领导

主管在领导上若有不圆满，或是欠缺之处，做老二的人就要辅助主管，上下协调，让团体平安。好比诸葛亮忠诚辅佐刘备、刘禅，鞠躬尽瘁，留下千古美谈。在外人看来，这样的工作好像很辛苦，但一位懂得举重若轻的"老二"，懂得成功不必在我，自然心甘情愿、付出一切。

第二，帮助属下建功

做属下的人，都希望被提携，或是有磨炼表现的机会。身为副主管，与属下更亲近，自然了解如何激励手下，使他们更愿意投入工作，获得成就。"培才爱人"，是为人主管者爱护属下、提拔属下、凝聚团体力量的基本胸襟。团体有了成长力，必定处处朝气蓬勃。

第三，代人承担过失

无论从事何种行业，都难免有功有过。做人要能功成不居，过失不诿。一个团体中，如果人人争功诿过，则不能和谐，无法发展。因此当属下有了过失，做人处事无法周圆时，做老二的人，要替属下多承担一点；有时，为了大局发展与未来，做老二的人，也要懂得为主管多担当一些，表示自己有力量承担。

第四，功劳与人分享

一个团体的功劳，或是好事，要能与主管或基层干部分享，因为有大众才有个人。所以有好处要不争利，有利益要不能独占，不论多少功劳，一定要有个观念："这个功劳是大家成就的，应该给大家分享，将光荣归于大众。"一家公司、一个团体，会因有一位好的"老二"人才，而得到很大的利益。

谦冲为怀的个性、坚持远大的目标，是新一代领导者应有的风范。人的很多烦恼，都是因为不懂退做"老二"，若能懂得老二哲学，自会有另一宽广的空间，这也是我们现代社会所需要的。